JN409500

님께

귀한 인연 감사드립니다.

드림

박민재 수필집

무언의 언어가 나를 흔들어대는 자극, 마음이 술렁거린다.
이건 필시 글쓰기에 대한 소망이 내 어느 부분에서 자라고 있었던 거다.
어릴 적부터 책에서 나는 톱밥 냄새가 좋았다.
그때가 내 마음에 글이 심어진 봄날.

니체와 걷는 시간

수필과비평사

니체와 걷는 시간

박민재 수필집

수필과비평사

| 작가의 말 |

삶이 무담시 슬퍼질 때가 있었다. 무엇을 해야 내가 나로 살 수 있으며 행복해질까. 담담한 달빛에 안주하던 어느 순간 가시 박힌 듯 목이 칼칼해 온다. 채워지지 않는 목마름에 움츠리다가 목표가 생겼다. 글쓰기를 생의 종착지로 선택한 설렘, 그것은 어린 날 가슴 한 켠에 간직된 그리움이었다.

작가가 되었다. 다른 관점으로 보이는 사물, 씨가 틔어 싹이 돋고 순연한 꽃을 피울 줄 알았다. 어쩌다 자부심은 거기 까지다. 깊이 있는 글, 사유의 의미가 더해지지 않는 턱없는 무력감에서 몸살을 앓는다. 더러더러 힘겹다.

날마다 성장을 바라는 마음으로 글을 쓴다. 내 안의 나를 만나 기억을 소환하고 카타르시스를 경험하면서 잘 될 거라는 주문을 건다. 글을 쓰지 않았다면 지금 무엇으로 내면을 다지고 있을까.

세상에 내 책을 살며시 내놓는다. 여물지 못한 글의 미숙함에 부끄러움이 앞선다. 내 삶의 반인 어머니, 삶의 가치에 부딪히는 작고 소소함에 눈을 주었다. 담론, 그것은 나의 땀이 들어있다. 내 날갯짓이 누군가에게 용기가 되고, 위안을 함께 나누었으면 하는 따뜻한 소망 하나 가져본다.

우연히 만나져서 나에게 행복을 주신 분들,

배움의 디딤돌로 격려와 힘을 주신 선생님들께, 문학 글 벗께 감사드린다.

유일한 응원자인 내 아들, 원석 사랑한다!

작품마다 만나는 어머니의 웃는 모습이 보고 싶다.

2024년 한강을 바라보며

박민재

| 추천사 |

이끼 낀 '철학자의 길'을 걷는 감동

김호운
(소설가 · 한국문인협회 이사장)

박민재 수필가의 첫 수필집 《니체와 걷는 시간》 출간을 축하합니다.

누구에게나 마찬가지지만 첫 작품집을 내는 설렘은 마치 숫눈길을 걷는 듯 두렵고 떨리며 감동 또한 큽니다. 낱낱으로 발표한 작품들을 모아 한 권의 책으로 묶어 독자들에게 일별하게 보여주는 일은 또 다른 '창작 작업'과 같습니다. 그만큼 그동안 쓴 작품에 대한 믿음과 독자들의 반응에 대한 기대가 클 수밖에 없습니다.

현재 한국문인협회와 한국수필작가협회 회원인 박민재 수필가의 첫 수필집 《니체와 걷는 시간》에 실린 작품들은 읽으면 읽을수록 더 깊은 울림을 주는, 작가의 독창적인 체험과 이를 이야기로 서술하는 구성에서 읽는 이의 마음을 흡입합니다. 이는 작품마다 일상생활에서 겪은 소소한 에피소드를 소재로 가져와 작가 자신의 감동에 머물지 않고 이를 절제와 문학적 장치로 잘 갈무리하여 명쾌하고 깔끔한 문장으로 수필 미학을 완성하였기 때문입니다.

특히 그 가운데 「어머니 바래가네」서는 '바다로 가는 길, 그 길은 나의 가슴을 트이게 하는 숨길이다. 그 숨 안에서 알 수 없는 생명력이 느껴진다'라며 어머니에 대한 애정을 깊이 있게 묘사합니다. 토속 언어에서 모티브를 가져와서 깊이 있는 구성으로 수필 본령의 아름다움을 잘 살렸습니다.

그런가 하면 「니체와 걷다」 역시 깊은 울림을 줍니다. 독일 하이델베르크에 가면 '철학자의 길'이 있습니다. 철학자의 길이라고 하여 뭐 대단한 기대를 할 필요는 없습니다. 이 길은 그냥 이끼 낀 돌담 사이로 난 좁은 고샅길입니다. 그런데도 사람들은 관광명소로 삼아 이 길을 걸어보고 싶어 합니다. 그 이유는 하이델베르크를 중심으로 활동하던 수많은 철학자가 이 길을 즐겨 산책하던 길이기 때문입니다. 그래서 이 길을 사람들은 '철학자의 길'이라 부릅니다. 수필 한 편을 읽으면서 작가의 사유를 발견하고 공감하듯이 이 길을 걷는 사람들은 앞서 이 길을 걸었을 철학자들의 철학 명제를 떠올리게 됩니다.

박민재 수필가의 작품을 읽으면 특별한 공명 장치를 준비하지 않아도 쉽게 작품 속으로 흡입되며 공감을 획득하게 됩니다. 마치 하이델베르크의 '철학자의 길'을 걷는 것처럼, 작가의 소소한 일상 속으로 빨려들어 가게 합니다. 그만큼 박민재 수필가의 작품에서 독창성을 완성했다는 의미입니다.

첫 수필집 《니체와 걷는 시간》 출간을 계기로 박민재 수필가의 수필 세계가 더욱 빛나기를 기원합니다.

| 차례 |

작가의 말 … 04
추천사 … 06

1부 창문에서 내려다 보다

어머니 바래가네 … 12
외로운, 외롭지 않은 … 17
에어컨 그 남자 … 21
봄 몸살 … 26
나는 임대인이다 … 30
사계의 향기 … 34
산을 넘다 … 39
벽이 물끄러미 쳐다본다 … 43
저기 걸어오는 것이 봄인가 … 47

2부 저 꽃을 너에게 줄까

니체와 걷다 … 52
나를 만나러 갑니다 … 56
동백꽃 미야 … 63
우리가 버리지 못하는 것들 … 67
마음으로 피는 꽃 … 71
땀띠 꽃 … 75
사랑, 꽃이 되는 … 79
보리수나무 아래서 … 84
옛살비 … 88

3부 우연히 마주치는 행복

잊혀진 약속 … 94
나무에게도 그리움이 있다. … 99
똬리 … 103
루이스의 물빛 … 107
재첩국 한 모금 … 111
섶섬이 바라본다 … 115
봄날의 수다 … 119
첫사랑이었을까 … 123
나도 여자야 … 127

4부 지나치는 풍경을 잡다

수필, 온통 내려앉다 … 132
무쇠 숯다리미 … 136
인생 최고의 순간 … 141
스멀거리다 … 146
눈길에서, 문득 … 150
니 믿고 안 사나 … 154
아직은 청춘 … 159
그물에 걸린 꿈 … 163
울렁거리는 세상 … 167

5부 그랬으면 좋겠다

세상에서 가장 아름다운 말 … 172
봄밤의 서정 … 177
오늘도 편의점 간다 … 181
아름다운 선택 … 186
도리깨질 … 190
신데렐라의 발 … 194
연어의 눈물 … 198
삶을 담는 그릇 … 202
오늘도 여행 중 … 206

|**서평**| 박민재의 아름다운 서정 _ 김우종 … 212

1부

창문에서 내려다 보다

어머니 바래가네

외로운, 외롭지 않은

에어컨 그 남자

봄 몸살

나는 임대인이다

사계의 향기

산을 넘다

벽이 물끄러미 쳐다본다

저기 걸어오는 것이 봄인가

어머니 바래가네

남해에서는 바다가 열리는 물때에 맞추어 갯벌로 나가는 일을 바래질 간다고 말한다. 갯가로 나가 해산물과 해초류를 채취하는 일을 바래라 하며 일하러 다니는 길을 바래 길이라고 불렀는데, 대부분 바다 옆 가까이에 길이 만들어져 있다. 바다로 가는 길. 그 길은 나의 가슴을 트이게 하는 숨길이다. 그 숨 안에서 알 수 없는 생명력이 느껴진다.

바다는 섬사람에게 넉넉한 먹거리를 아낌없이 내어준다. 숨비소리는 물질을 하면서 물 위로 올라온 해녀들이 뿜어내는 삶의 소리라면, 바래질은 삶의 희망을 멈추지 않았던 여인들의 호미질 소리이다. 해녀들의 숨소리, 여인들의 호미질은 여자이기에 받아들여야 하는 숙명 같은 고단한 삶이 묻어있다. 큰센바람이 매섭게 불어대면 남정네들은 배를 띄우지 않아도 살아갈 수 있었다. 바다로 나가 돌아올 수 없는 남편들을 대신하여 집안일을 건사하였다. 농사일도 척척 해내던 여인들의 희생과 땀이 섬 구석구석 고여 있는 덕분이다. 바닷가 해산물을 채취하는 일, 물질까지도 여인들의 몫이다. 그만큼 여인들의 수고가 없으면 섬 생활은 버티기가 힘들었을 것이다. 바래질 가던 시절, 불현듯 삶이 외롭고 서러워질 때면 멀리서 까물거리는 육지는 여인들의 작은 등불이 되어주지 않았을까.

먹구름이 낀 우중충한 날씨를 보며 애타는 여인들의 넋두리가 귓전에 울린다. 끼룩끼룩 바닷새의 애틋한 노랫가락이 들리면 섬사람들은 희망을 담을 채비를 한다.

> 우리 어머니 바래가네 /아 이 사람아 바람 불어 날은 궂은데/ 치맛자락 적시면서 뒤돌아보고/ 바래가신 어머니
>
> (박태희 '바래길'중)

바구니와 호미를 들고 낙지, 고등 같은 값나가는 것을 만나기 기대하는 그 마음 안에 함께 머물러본다. 갯벌과 갯바위에서 해초류와 해산물을 캐고 건져내면 먹거리가 되고 돈이 되었다. 파래나 미역, 조개를 팔아서 가족들의 생계를 이

어갔으며 육지로 보낸 자식들의 학비와 생활비를 충당했을게다. 자신처럼 고생하며 살지 않기를 바라는 간절한 소망도 있을 것이다.

갯고랑 사이를 호미질하면서 정신없이 맴돌다가 해가 으스름해질 무렵 굽은 등을 펴보면 어느새 바자울 틈으로 물이 들어오고 있다. 가득 채운 바구니를 머리에 이기도 하고 허리춤에 매달아 갯벌 위로 끌고 오면서도 자식 생각으로 한없이 행복할 것이다. 운이 좋아 뻘대에 가득 담아 밀고 올 때면 이미 마음은 넉넉하고 풍요롭다. 온종일 채취한 싱싱한 해산물은 얼른 팔아야 제값을 받을 수 있다는 생각에 마음 급하여 힘든 것도 잠시 잊는다. 호미질로 볼품없이 휘어지고 굽은 손이 금방 펴지지 않아도 그 순간만큼은 아픔은 단지 고통만이 아니었으리라.

욕심을 부르다 숨이 차면 매일 바다와 만나는 해녀라도 생명을 잃을 수 있다. 바래질도 그날 시간만큼 주어진 것보다 더 바라다가는 목숨을 내걸어야 한다. 몸만 움직이면 다 내어줄 것을 욕심부릴 일이 무엇이런가.

서른여덟 어머니는 교통사고로 하루 밤새 남편을 잃었다. 시아버지와 뱃속 아기, 오 남매의 등짐을 지느라 슬퍼할 겨를도 외로울 틈도 없었을 것이다. 버팀목이던 아버지의 빈자리를 채우기 위해 집안일만 하던 어머니는 식당 주방에 나갔다. 젊은 나이의 곱디고운 어머니는 이웃들의 뜨거운 시선을 등에 업고 수군대는 소문의 바람 속에서 한 걸음 움직이기도 어려웠을 것이다. 우리는 아비 없다는 소리 들을까 봐 버릇없이 굴면 혼구멍이 되게 났다. 어떨 때는 이십여 분을 손을 들고 꿇어앉아야 했다. 아무리 생각해도 크게 잘못한 일도 없는데. 나중에야 어머니의 마음을 알았지만, 그때는 그저 서러운 마음만 가득하여 미운 생각이 들었다.

밤에 자다가 깨어보면 어머니는 우두커니 앉아있었다. 퉁퉁 부은 다리를 주무르던 그 모습이 지금까지도 가슴에 진하게 남아있다. 혹여나 나와 눈이 마주치면 동생을 안겨주고 나비처럼 훨훨 날아갈 것 같은 두려움에 잠든 척하였다. 자식 다섯을 고스란히 움켜 안고 긴 겨울밤을 보내던 그 빈 가슴, 지금이라도 채워드릴 수 있다면.

그 마음이 어머니에게 닿기도 전에 치매가 먼저 도착했다. 자식의 든든한 울바자가 되는 것만이 전부인 양 순응하며 살아오셨기에, 이젠 편히 살기 바랬지만 마지막까지 그늘진 인생에서 벗어나지 못한 삶이 애처롭기만 하다.

"전생에 무신 죄가 그리 커 늘그막에 너 그들까지 고생시킬꼬."

잠깐 정신이 돌아올 때면 하염없이 눈물을 흘리신다. 사람의 인생이 원하는 데로 살아지는 것은 아니지만 바래길에 핀 풀꽃처럼 거센 바닷바람을 맞아야 했던 어머니 삶의 시간들, 되돌리고 싶어진다.

어머니의 살아온 삶도 바래질이지 않았을까. 뭉툭하게 닳아 버린 호미의 날을 정성으로 갈고 닦아내며 오로지 자식 잘되는 것만을 염원했을 그 마음. 헤아려 보면 어머니의 존재는 섬 마냥 깊고 유정하다. 남해의 삶과 풍경, 여인의 생명력이던 바래질의 사박거림은 이제 기억 속으로 묻히고, 파도에 부딪히면서 다듬어진 가뭇한 몽돌들의 제 몸 부딪치는 소리만이 세월의 흐름을 들려주고 있다.

바다로 가는 바래길 위를 누군가 걸어가고 있다. 해녀나 어머니이기도, 아니면 나이기도 한.

외로운, 외롭지 않은

외로워지고 싶지 않다. 지구상에 존재하는 모든 마음도 나 같을 것 같다. 가족이 있어도 혼자라는 생각이 들 때가 많고, 혼자 먹는 밥상이 고급스러워도 지독한 쓸쓸함에 수저를 놓게 된다. 뭔가에 마음을 두거나 애착물이라도 있어야 이 외로움의 터널을 지나갈 수 있을 듯했다.

유년 때 베던 '동글이 베개'를 결혼 전까지 챙겼다. 목덜미에 쏙 들어가는 작고 둥근 형태로서 베개 속 메밀이 사그락대는 소리는 엄마와의 교감이었다. 할머니 손에 자라면서 한 땀 한 땀 아기자기 꽃무늬 수를 놓아 만들어준 베개에서 엄마 냄새를 느끼며 잠이 들었다. 낡아서 무늬가 바랬지만 동글이 베개만큼은 오랫동안 내 곁에 두었다.

결혼 후 한동안 식물에 집착하여 길 가다가도 꽃만 보면 사날랐다. 고개를 치켜올리고 예쁨을 받으려는 우아한 생명의 모습을 바라보며 즐겼다. 그것도 잠시, 잎은 누렇게 가지는 비틀려져 있다. 내 손길이 부족했나 하는 자책에 빠진다. 꽃나무 키우는데 소질 없고 손도 야물지 못하지만 나름 생명을 존중하는 보살핌만큼은 최선을 다 하는데… .

어느 때인가 던져두어도 잘 자란다는 앙증맞은 다육이를 종류별로 바구니에 담아왔다. 집에 돌아와서 이번에는 잘 키워내야지, 단단히 마음먹었다. 그런데 여지없이 또 실패다. 제법 자라다가 잎이 쪼글쪼글하여 물을 주었더니 하나 둘 떠나가 버린다. 도대체 다육이가 무엇이 부족한지, 뭘 원하는지 그 원인을 알 수가 없다. 흙이 마르면 수분과 영양분을 채우는데도 불구하고 죽는 걸 보면 나의 한계가 느껴져 먹먹하다. 생명이 그렇게 허무하게 없어지는 것도 그렇지만, 내 손이 생명을 잘 살려내지 못한다는 열패감이 스며든다. 이런 것마저도 잘 못 하다니.

버리고 또 사들이고 언제 또 말라갈까 곁눈질만 해댄다. 내 마음의 미련은 멈추질 않는다. 그칠 줄 모르는 나의 욕망인가. 종종 이렇게 집착하는 내 의도가 의심스러울 때가 있다. 단지 내 곁의 허전함을 채우려는 욕심일까, 아니면 남들이 키우니까 덩달아 사 오는 건가. 나도 내 마음을 종잡을 수 없다. 그러면서도 한편으로는 야속한 마음이 들기도 한다. 사람도 아닌 식물에게 조차 외면당하다니. 문득, 외로워진다.

사람이나 식물이나 궁합 맞추기란 쉽지 않다. 말하지 않고 표현하지 않으면 늘 외쪽사랑이다. 뜨거운 사랑으로 시작해도 어긋난 마음으로 서로를 포기하는 일이 많다. 다시는 키우지 않겠다고 다짐하지만, 어느새 발걸음은 꽃시장으로 향한다. 또 몇 개를 두 손안에 들고 오는 나를 보며 피식 웃는다. 이 끈질긴 마음을 놓지 못하는 나는 누구인가. 왜 이런 마음을 끌어안고 살고 있나, 되뇌어본다.

저만치 빈 화분이 눈에 밟힌다. 식물조차도 인연은 억지로 엮어지는 것이 아님을 알지만, 내 가슴 깊은 곳의 감정들은 요동을 친다. 꽃조차 이렇듯 쉽지 않으니 삶이야 오죽하랴.

그러다 나만 변치 않으면 이별할 일 없는 새 파트너를 만났다. '글'이다. 이번에도 역시 애착으로 다듬고 햇살과 바람의 양분을 주어도 몽우리인 채 피어날 생각이 도통 없다. 조급한 마음에 이것저것 섞어 준 토분이 오히려 독이 된 건지 비실대기만 한다. 정성이 부족한가, 재주가 없나 무력감에 빠지다가 뒤돌아보니, 어느 순간 싹이 띄고 잎이 올라오는 게 보였다.

아, 시간이 필요했던 게야. 서두른다고 될 일이 아니었는데… .

이제는 나한테만 온전히 집중하는 글의 세계에 들어섰다. 더 이상 혼자라는 게 두렵지 않다. 내 등 뒤에 글이 서 있고, 내 손 위에 글이 앉아 있으니…. 남아있는 시간이 아무리 길고 많아도 글을 내 손에 붙잡고 걸어가는 한, 외로움도 기꺼이 악수하리라.

기억의 잔향을 모아 자판을 두들기다 보면 한두 시간 금세 지나간다. 더하고 빼고 명암을 높이거나 낮추면서 잔잔한 기쁨을 누리고 있다. 나는 지금, 내 안의 감성 속에 들어있는 언어를 두레박으로 건져 올리는 중이다.

에어컨 그 남자

지구가 펄펄 끓고 있다. 우리나라도 비켜 갈 수 없다. 숨이 컥컥 막히는 더위로 곳곳이 폭염주의보, 경보가 발령되고 있다, 온열질환으로 사망자가 연신 생겨난다. 2023년 새만금에서 개최된 세계스카우트 잼버리대회가 열리고 있다. 참가한 각국의 스카우트 대원들이 폭염에 견디지 못해, 조기 퇴소 결정을 내린 나라도 여럿이다.

우리 집에도 폭염주의보가 발생했다. 에어컨 실외기에 연결된 물 흐르는 줄이 더운 열기에 견디지 못하고 중간에서 끊어졌다. 아랫집 실외기 위로 물이 쏟아진다. 눈 찔끔 감고 켜도 되겠지만 이웃 간 눈살 찌푸릴 일이 싫어 매미 친구삼아 선풍기 앞에서 버티기를 나흘째다.

입력해둔 번호를 뒤져 그 남자에게 전화했다. 내 목소리를 기억한다. 저녁 무렵에 시간 된다고, 수리할 부분 사진도 보내고 가격도 정했다. 기다려도 소식이 없어 연락했더니 일이 밀려 내일 가능하다고, 그것도 늦은 밤. 또 내일…. 4일째 되는 날, 스멀거리는 신경세포를 달랜다. 이 더위, 수리해주는 것 만해도 어딘데, 한 철 장사 아닌가 감지덕지하자. 밤 9시 반에 그 남자에게서 전화가 온다. 도착하면 10시 넘을 터, 별도리가 없다.

3년 전쯤인가, 에어컨 바람이 시원찮아 서비스 센타에 의뢰했더니 대기자가 많아 4일 기다리란다. 마침 동네서 에어컨 수리하는 그 남자를 발견하고 수리를 부탁했다. 40대 초반 정도로 몸집이 작아선지 행동이 재빨랐다. 수리비가 비쌌지만 어쨌든 하루라도 시원하게 해준 고마움에 옆집 식당서 식사까지 대접했다.

"수리 생기면 소개해 줄게요."

"다들 그렇게 얘기하지만 그때뿐이에요."

표정 없이 무덤덤하게 말했다. 일을 시작한 지 얼마 되지 않은 듯 보였다. 진짜 그 말이 맞았다. 같은 라인 이사 오고 갈 때 설치 문제로 소개하고 싶어도 뭔가 검은 커넥션이 있는 것처럼 오해받을까 봐도 그렇고, 다들 알아서 하니 굳이 연결해줄 일이 없었다. '그때뿐'이라는 말이 빚진 것처럼 머리에서 맴돌아 지금 나라도 빚 청산하고 자유로워지고 싶었다.

얼굴이 좋아 보인다. 일을 연결해달라는 그때보다 자리가 잡힌 듯 수리하는 동안 전화가 연신 온다. 힘들다 푸념하면서도 주문을 받는다. 작업하는 동안 옆에서 마음이 편치 못하다. 호수도 잡아주고 물 흐르면 받쳐주고, 아래층으로 내려가 줄 길이도 확인하고, 보조역할을 했다. 1톤 트럭에 흐트러져 있는 기구함에서 기구를 찾는 일도, 수리하는 곳을 내 핸드폰 플래시로 비추어주면서 서 있었다.

"조수 있으면 훨씬 수월할 건데요."

"돈 나가잖아요. 그리고 가르쳐놓으면 나가버려요."

내 입이 멋쩍게 유구무언이다. 끝나니 11시가 넘었다. 내일 설치할 중고 에어컨을 가지러 인천 가야 한단다. 점심도 못 먹었다는 말에 짠하고 안쓰럽다. 먹고 살자고 일하는데 굶어서 되겠냐며 옆집 식당가서 순대국밥을 시켜주었다.

"아빠, 작업 중인데 끝나고 한군데만 들러서 갈께." 딸과의 통화다.

투덜거림은 언제였냐인 듯 세상 다정하고 나긋나긋한 아버지다. 가장의 짐이 누름돌 같아도 자식은 삶의 의미요, 활력이다. 나 역시도 우울할 때 아들 목소리만 들어도 든든하고 기분 좋아지니까. 식사하는 동안 수리비를 이체하고 있는데 책이 많던데 글 쓰냐고 뜬금없이 묻는다. 인상 쓰던 와중에도 책이 눈에 보였나 보다. 무심코 고개를 끄덕였다.

"며칠 통화하면서 화를 한 번도 내지 않았어요. 왠지 늦게라도 봐줘야 할 것 같은 마음이 들었어요. 목소리를 높이거나 하지 않아 그게 궁금했는데 작가시구나."

말없이 수리만 하는 보통의 기사와는 달리 독특하다. 바쁘다면서 말을 하려 한다. 빈 얘기라도 들어달라는 잠시의 위안이 필요한 듯. 저번 방문 때도 그랬다. 화가세요? 취미로 그린 그림 몇 점을 벽에다 새워둔 것을 본 모양이다.

"부럽네요. 먹고 살기 바빠 꿈조차 꾸기 힘들어요."

그때의 표정도 쓸쓸했다. 남자의 꿈이 무엇이든 꿈꾸는 삶이 되었으면 싶다. 식사에 대한 팁이라며, 해마다 5월쯤 서비스 신청하면 무료 점검해 준다고 한다. 나도 알고 있지만 '그렇구나, 내년에는 필히 해야겠네요' 모른 척 응수했다.

차에 오르는 남자의 늘어트린 목덜미에서 기린의 목이 떠오른다.

내 성격이 그리 유순하지 않음에도 그 남자에게 언성은 높인 적이 없던 것 같다. 두 번이나 책정한 수리비보다 턱없이 받는 것도, 약속 시간을 어겨도, 작업 내내 투덜거림을 못 들은 척 넘긴 것도. 어쩌면 화를 낼 수 없었는지도 모른다.

남자의 처진 뒷모습에서 새벽 으스름, 일터로 저벅저벅 걸어가던 아버지 어깨에 매달렸던 무거운 생을 보았다. 밝은 햇살을 보며 집을 나섰다면 교통사고를 피해 가지 않았을까. 삶의 멍에, 고뇌가 무겁게 다가온다. 세상의 모든 아버지는 자식의 꿈을 위해 다리가 후들거린다. 그들이 겪어내야 할 고통은 기쁨 한 조각들로 채워나간다.

집안에 들어서니 찬바람이 온몸으로 감긴다. 가면서 마시라고 챙겨준 얼음 생수가 식탁 위에 덩그러니 놓여있다. 지금쯤 인천 가는 경인 도로를 타고 있을까, 아님, 에어컨 중고업자를 만나 고단한 인생살이를 나누고 있을까.

문득, 신경이 쓰인다. 밤 무더위 탓인가.

봄 몸살

꽃피울 여념이 없는 봄날만 되면 봄 몸살을 앓는다. 괜스레 움츠러들고 따사로운 볕이 스산하기만 한 것은 내 안의 그리움인가. 뚝딱 만들어도 맛깔스럽던 손맛, 벌떡 떨치고 일어날 것 같은 어머니의 된장찌개 한 종발이 간절해진다.

어릴 적에도 유난히 봄을 탔다.

"쟈는 피죽 한 그릇도 못 먹은 애 맹키로 봄만 되면 저리 비실거리노."

골골거리는 나를 두고 책망하듯 혀를 끌끌 차는 할머니, 별스럽다는 핀잔에 기가 죽었다. 그때마다 어머니는 다져진 돼지고기를 넣은 얼큰한 된장찌개를 만들어주었고, 그 맛에 두어 달 봄을 잘 넘겼다.

쳐진 입맛을 돌게 하던 갈치구이도 빠질 수 없다. 쌀뜨물에 담가 비린 맛이 가셔지면 칼등으로 비늘을 벗겨준 뒤 칼집을 살짝 낸다. 얼금얼금한 석쇠에 얹어 소금을 살살 뿌리며 연탄불에 굽다가 노릇노릇해지면 석쇠를 뒤집어 반대 면을 익힌다. 속살은 부드럽고 야들야들해서 입안에서 살살 녹는 것이 가스레인지 위 프라이팬에 굽는 것과는 비교가 안 될 정도로 맛있다.

돼지고기를 매운 고춧가루와 살짝 볶은 후 미더덕을 넣고 끓인 찌개 한 수저와 갈치 한 점은 그야말로 행복한 궁합이다. 식탐을 부리다 미더덕에 입천장을 데어 홀라당 까지기도 하고 탁 터지면 향긋한 바다 향을 머금는다. 맛깔스런 갈치구이까지 밥상에 올라앉으면 가족의 뱃구레는 더 든든하게 채워진다. 따뜻한 밥상머리는 살아가는 숨결이고 희망이며 꿈틀거리는 정이 아니겠는가.

어머니가 요리했던 식당은 대구역 앞이다. 동트지 않는 새벽녘, 어스레한 저녁 무렵의 역 광장에는 하루살이 품을 파는 사람들로 북적거린다. 나무지게로 짐을 져 나르고 품삯을 받던 그들에게 갈치구이와 된장찌개는 고향 맛이었다. 심성 고운 어머니는 밥을 고봉으로 담고 찌개는 국처럼 퍼주었다. 알큰한 집밥이 그리웠을 팍팍한 삶, 어머니의 밥상은 잠시나

마 위안이 되지 않았을까 싶다.

하루 일이 끝나면 무명천 가방 안으로 맛난 반찬을 소복이 담아주던 주인 이모의 푸근한 얼굴이 어슴푸레하다. 음식을 안고 종일 지쳤을 발걸음도 행복하게 여겼을 어머니 마음을 육십이 넘어서야 헤아려지다니.

'손맛이 어우러져야 찌개의 깊은 맛이 나온 데이, 음식은 정성 아이가'

살갑지 못한 무심한 딸은 어머니의 손맛마저 닮지 않았다. 속이 허할 때면 구수한 기억만 입안에 맴돌 뿐이다.

어머니의 밥상에는 우리 집 부엌의 변천사도 담겨있다. 처음 이사 와서는 아궁이에 장작을 피우고 가마솥으로 음식을 했다. 불씨를 죽이지 않게 부지깽이로 부지런히 뒤집어주어야 한다. 불이 잘 일어나지 않으면 아궁이에 풍로를 대고 바람을 일으켰다. 어머니 이맛살 위로 송골송골 맺혔던 땀방울은 콧등을 타고 흘러내렸다.

그 뒤 아궁이 아래 입구를 벽돌로 막고 둥근 연탄 아궁이로 개조하였다.

부엌 한켠에 구공탄이 높다랗게 쌓여있으면 어머니의 입가에는 흐뭇한 미소가 번진다. 요리하기는 수월했지만 새 연탄으로 갈 때면 숨죽이는 곡예를 해야 한다. 연탄집게로 허옇

게 탄 연탄을 들어 올리다가 떨어뜨리면 최악의 날이다. 혼나는 것보다 더 끔찍한 눈물 콧물 번복이 된다. 아궁이 안으로 고개를 들이밀고 덩어리를 잘게 부신 후 기다란 쇠 국자로 그 재를 다 퍼내야만 한다.

연탄불 온기로 인해 넓은 부뚜막은 구들방처럼 따끈하다. 누런 군용담요로 싼 놋쇠 밥그릇을 부뚜막에 묻어두면 식사 때가 지나도 밥에서 김이 모락모락 오른다. 부뚜막은 보온밥통이며, 나만의 아늑한 공간이었다.

새집을 짓고는 현대식 주방답게 취사는 석유곤로를 사용했다. 곤로는 그 당시 밥 짓는 여인들의 최고 로망이었다. 기름이 묻어있는 심지에 성냥불로 붙이기만 하면 되니 음식 장만하는 어머니의 고단함을 한결 덜어주었다.

부엌의 변천과 함께 내 유년도 성장하였다. 부뚜막에 앉아 연탄불에 갈치 석쇠를 뒤집던 아련함은 가슴에 기억되어 진 어머니의 사랑 밥상 때문이다. 맛의 추억은 가슴에 오래 남아 힘이 되기도 하고 삶의 방향을 제시해 주기도 한다.

뚝배기에서 된장찌개가 뽀글뽀글 끓고 있다. 갈치 굽히는 고소한 내음이 퍼지면서 온 집안이 행복한 맛으로 가득하다. 올 봄날은 그리운 추억만으로도 거뜬히 몸살을 이겨낼 것 같다.

나는 임대인이다

나는 가구와 가전제품이 옵션으로 설치된 1인 가구가 살 수 있는 원룸을 운영하고 있다. 방의 특성상 대부분 젊은 사람들이다. 직장인, 고시를 준비하는 취업준비생, 집에서 분가한 젊은이, 대학에 다니는 지방 학생 등 임차인도 여러 유형이다. 임대하다 보면 생각과 삶의 모습이 각기 다른 사람들을 만나게 된다. 보금자리가 절실한 수많은 사람이 스치고 지나가는 동안 그늘진 인생도 보이고 열심히 사는 인생도 보인다.

새 사람이 들어올 때마다 그들이 편하게 정착할 수 있는 쉼터가 되기를 바란다. 자기만의 공간에서 꿈과 희망의 둥지가 되었으면 한다. 잘 되어 나가는 젊은이들을 보낼 때면 보기에도 대견하고 마음도 뿌듯해진다.

내 핸드폰은 항상 대기상태다. 늦은 밤 전화는 심장을 쿵 내려앉게 한다. 세입자가 처리할 수 있음에도 기어이 잠을 깨운다. 작은 소음에도 까칠한 반응을 보이며 짜증을 낸다. 환기를 안 하면서 방에서 냄새난다며 트집 잡는 진상 세입자도 만만치 않다.

요즘은 세입자가 갑인 것 같다. 자식 또래 젊은이가 터무니없이 우길 때면 회의감에 울컥거려진다. 물질적으로 도움이 돼서 시작한 일이지만, 그럴 때마다 손을 떼고 싶은 생각이 든다. 그들도 분명 요구할 입장이 있을 테고, 나 또한 선택한 일이기에 겪어낼 몫이지만 결코 쉽지않다. 세입자 문제만이 아니라 공실도 오래가면 조바심이 나고 걱정이 쌓여간다.

지난해에 야무지게 보이는 직장여성이 세 들어왔다. 매달 내야 하는 방세가 밀린지도 4개월이다. 아버지 입원으로 두 달만 더 봐 달라고 한다. 눈 감아 주었는데 8개월이 지나도 사태는 나아지지 않고 보증금 잔고도 남아있지 않았다. 어떻게 해야 할까. 더는 미룰 수 없어 퇴실을 종용했다. 건물에 배수관이 터져 리모델링을 계획하고 있어 만기 세입자들을 내보내는 중이었다. 아버지가 다시 입원했다며 기다려 달라는 그녀의 말에 나도 모르게 짜증이 났다.

"다음 달 상황이 달라지리라는 법이 없잖아요. 이달 줄 방세로 다른 곳을 알아보세요."

쏘아붙이듯 말하자, 그녀가 갑자기 울음을 터트렸다. 10년 넘게 운영했지만 이런 경우는 처음이라 당황했다. 그 마지막 한 마디에 가슴이 저려오고 등허리가 서늘해졌다. 순간 내 마음이 새우등처럼 구부러진다.

아버지가 죽어버렸으면 좋겠어요, 라고 천추의 한이 될 말을 서슴없이 내뱉는 그녀. 삶이 그렇게 절박한지 나는 몰랐다. '죽음'이라는 단어가 뇌리에 맴돌며 구겨진 종이처럼 하루 내내 마음이 어수선했다.

아버지가 죽기를 바라는 고통을 짐작 해 본다. 무능한 부모의 존재는 자식의 삶에 어떤 무게로 다가올까. 입원과 반복으로 집안의 경제가 말라가고, 월세는 병원비로 충당했을 텐데. 병원비라는 말에 가슴 끝이 아려온다.

7년째 요양병원에 있는 어머니, 치매로 판정 나자 걱정은 잠시고 어머니 부양 문제로 피붙이들의 정은 요원해간다. 시대 흐름이 아무리 각박할지라도 부모 자식 연을 무 자르듯 할 수는 없지 않은가. 자식에게 짐이라 여기는 어머니의 현실이 굳은살처럼 딱딱하고 쓰리다.

어머니의 자궁을 빌려 잉태되는 순간부터 나 또한 세상에

내던져진 세입자가 된다. 빛, 바람, 공기 자연이 주는 오묘함과 넉넉함을 당연하게 사용하고 있다. 어쩌면 임대 해준 방도 원래 내 것이 아닐지도 모른다. 삶이 다하는 날, 빈손으로 떠나갈 것 아니런가. 나 또한 하늘 세상에서 내 한 몸 쉴 곳을 찾아야 하는 세입자 신세인 것을.

그녀에게 문자를 보냈다.

"그 아픔 이해한다. 살아갈 많은 날이 남아있다. 마음 추스르고 용기 내라."

답장이 왔다. 생각해주셔서 감사하다는 한마디에 그제야 막혀 있던 숨통이 탁 트여온다. 어떤 선택을 할지 모르지만 그녀의 결단을 기다려주기로 하였다.

올려다보니 원룸의 작은 창마다 불빛이 어려 있다. 방 하나마다 켜있는 불빛이 마치 자기의 삶을 밝히는 것처럼 느껴진다. 그 아름다운 존재들이 오늘 밤은 편히 잠들었으면….

사계의 향기

나의 기억을 품고 있기에 어느 계절에서든 잔향이 아름답다.

봄

봉오리로 맺혀있던 백목련이 밤사이 활짝 터트렸다. 덩달아 화단도 화사하다. 시냇물은 녹고, 새들은 지저귀고, 세상은 따뜻함이 넘쳐난다. 나른한 한낮, 봄날과 소근대며 걷다보니 소담한 노란 애기똥풀꽃 한 무더기가 명지바람에 살랑인다. 줄기를 꺾으면 노란 즙이 나온다고 하여 붙여진 이름이다. 코를 가까이 대고 향을 취하려는데 등 뒤에서 윙 소리가 난다. 자기 영역의 침범자로 여긴 꿀벌의 애타는 소리인

가. 단짝 동무에 시샘하는 노랑나비의 날갯짓인가.

한 줄기 홑 뿌려진 비 그친 공원은 모처럼 한적하다. 벤치에서 끄덕끄덕 졸고 있는 차림새가 남루한 노숙자가 보인다. 다리 사이 까만 봉지가 펄럭인다. 회색 바탕에 노란 줄무늬를 한 고양이는 털을 곤두세우고 살그머니 다가간다. 아랫배가 홀쭉한 것이 자못 배고픈 모양새다. 바스락 소리에 남자가 깬 듯하다. 고양이가 도망가려다 노숙자가 주는 빵 한 조각을 허겁지겁 얻어먹는다. 툭 차서 쫓아낼 줄 알았는데 의외다. 남자의 마음에도 봄이 왔음이 틀림없다.

'봄 처녀 제 오시네, 새 풀 옷을 입으셨네…' 봄이 온통 연두로 피어난다. 건너 매점 라디오는 봄소식을 전하고 싶어 안달이다.

여름

주인집 안채서 뒤돌면 보이는 약간 비탈진 허름한 뒤채에 세 들어 살았다. 문 앞에는 제법 굵은 복숭아나무 한그루 서 있다. 복사꽃이 만발하면 연분홍 각시가 품어내는 수줍은 향이 온 집으로 퍼진다. 무성한 나뭇잎 사이 붉은 볼의 미소는 매 순간 아이를 유혹한다. 한 입 베어 먹으면 즙에서 나오는 달짝지근한 맛, 보기만 해도 목구멍 깊숙이 침이 넘어간다. 예쁘고 탐스런 복숭아가 가지마다 매달리면 주인 여자는 매몰차게 따간다. 매번 곁눈질로 입맛을 다셔도 여자의 눈초리는 모른 척 비켜 간다.

세찬 빗소리에 잠에서 깨었다. 문을 열고 쪽마루에 쭈그리고 앉았다. 밤비에 젖은 복숭아나무가 바들바들 떨고 있다. 바람이 심하게 불어 여리고 털이 뽀송한 복숭아는 땅에 떨어져 뭉개지거나 상처를 입었다. 여섯 살 여자아이 눈에는 무서움보다 쏟아지는 장맛비가 더없이 후련하다. 망가진 복숭아를 보며 어처구니없어할 여자의 뾰족 얼굴이 물안개처럼 아른거린다.

아이 집이 생겼다. 주렁주렁 열린 감은 오롯이 아이 몫이다. 침 흘리며 눈치 볼 필요 없는 그해, 아이는 너무 행복했다.

가을

사방이 온통 불타오르면 자연이 주는 숨결과 멋에 흠뻑 빠져든다. 저물녘 가랑비 잎 내리는 소리에서 묘한 외로움이 묻어난다. 쓸쓸하기 그지없는 풍경은 남정네의 계절이라 하지만, 채색과 결실인 가을이 나에겐 더 반갑다. 누군가의 다정한 가슴에 머물고 싶어진다. 들깨 단의 퍼석거림에서도 왠지 향이 난다. 그것은 수확의 기쁨을 알기 때문이다. 숲속 그루터기에 걸터앉아 가을 여유를 즐기다가 겨우살이 준비하는 벌레들의 행렬에서 삶의 애착을 본다.

쾌청한 가을날은 빨래하기 더없이 좋은 날씨다. 마당 넓은 우리 집은 부엌 처마서 대문까지 긴 빨랫줄이 걸려있다, 줄이 처지지 않게 가운데 바지랑대로 받쳐 두었다. 다듬질 된 옥양목 홑청이 나폴 거릴 때마다 햇살에 눈이 부시다. 빨래가 걸리지 않는 날은 참새들 차지다. 줄지어 정겹게 합창하면 덩달아 흥이 난다. 그러다 귀가 힘들어 줄을 흔들어 날려 보내면 보란 듯이 감나무 가지에서 지저귀는, 미운 다섯 살 막내 같다.

겨울

눈 오는 깊은 밤은 소리 하나 없이 고즈넉하다. 꽃송이 되어 장독 위로 내려앉으면 백색의 아름다움에 마음을 뺏긴다. 앞서가던 아이가 한 발 내딛을 때마다 발자국에서 하얗게 눈이 묻어난다. 곧 서릿발에 질척해질지라도 눈을 굴리는 아이들 마음만큼 두근두근 설렌다. 이런 날은 창 넓은 카페서 책 한 권 펼쳐놓고 느긋하게 차향을 즐겨도 뭐라 할 사람 없을 것이다.

어릴 적 눈바람이 세게 불라치면 파르르 문풍지 떠는소리부터 들린다. 살을 에는 차가움에 이가 덜덜거려진다. 외풍 심한 방 안은 군불을 넉넉하게 지펴도 입에서 김이 나온다.

그럴 때면 어머니는 화롯불을 피우고 철사로 얼깃설깃 만든 채를 화로 위에 놓고 떡가래를 구웠다. 이불을 뒤집어쓰고 먹는 쫄깃한 가래떡, 차고 달콤한 홍시 맛은 겨울밤이 아니면 맛볼 수 없는 정취다. 어른이 되어도 그런 추억은 두고두고 소중한 것들이다.

눈 사이로 여린 싹이 고개를 내밀고 있다. 눈 마주치니 노란 복수초 꽃망울이 포르르 떤다. 봄 맞을 채비를 서두르나 보다. 성질 참 급하기도 하시지. 아직도 잔설이 가득한데.

산을 넘다

고향 집 뒷산은 늘 고즈넉했다. 봄이면 흐드러진 개나리로 산등성은 온통 노란빛이다. 나무 그늘은 어른들의 쉼터며 아이들의 놀이터이다. 손만 뻗어도 풍뎅이가 한 움큼씩 잡히는 그 산에서 식물채집을 하고 앙증맞은 빨간 무당벌레와 놀았다. 탱글탱글 영근 가을이면 도토리를 주웠고, 수북한 도토리로 엄마는 묵을 쑤어 이웃과 나누어 먹었다.

어느 날, 말하지 않아도 사람들의 이야기를 깊게 품고 있는 산을 두고 그 동네를 떠났다. 나와 늘 대화를 나누던 작은 산과의 시간도 아름다운 기억도 멈추어 버렸지만 그런 생각이 들었다. '나는 잊을지언정 산은 나를 기억해 줄 거야.'라고.

결혼 후 다시 산을 만났다.

높고 섬세한 북한산 줄기가 길게 뻗어 내린 아기자기한 동네에 살았다. 산어귀에 들어서면 계곡 사이로 맑은 물이 흐른다. 솔 나무, 상수리나무, 산벚꽃이 뽐내듯 키 재기를 하고 고사리, 버섯, 온갖 식용 나물과 야생화가 지천이다. 변화무쌍한 풍경을 계절마다 그려내는 곳, 안주하고 싶을 만큼 모든 것이 풍요롭고 충분했다. 어릴 때 놀아주던 작은 산이 그랬던 것처럼.

따가운 한낮인데도 산에 오르는 사람들이 많다. 눈짓으로 인사 건네는 그들 뒤를 따라 적당한 보폭으로 걷는데도 발걸음이 한 뼘씩 뒤로 쳐진다. 헐떡이던 숨을 고르며 발길을 멈추니 눈에 띄지 않던 꽃들이 소복하다. 연분홍 패랭이꽃, 계란프라이를 닮은 개망초 무더기가 자기 좀 보아달란다. 쉬엄쉬엄 가라며 날갯짓으로 붙잡는 예쁜 모습을 놓칠 수 없어 한 컷 찍는다. 이 와중에 사진이라니, 내면의 감정이 어처구니가 없어 피식 웃음이 난다.

부딪히기 전까지 세상에서 그와 나는 서로가 평행선이라 믿었다. 하지만 그 시간은 오래가지 않았다. 견고하게 담을 치고 틈새를 보이지 않으려 웅그린 채 서로의 생각만 고집했다. 좁혀지지 않는 틀 속의 간격은 마음의 생채기를 만들며 깊게 파여 간다. 다른 시각과 가치관의 부딪힘으로 숨이 찼다. 목구멍으로 삼키지 못한 것들이 내 몸 안의 숨길을 막을 때면, 헉헉거리며 산으로 달려온다.

서로에 대한 감정 조절이 그렇게 어렵다니. 어쭙잖은 그의 말이 얄미워 시선을 매몰차게 피하며 문을 박차고 나왔다. 각자의 집안 이야기는 건드리지 말아야 할 금기어인데…. 덧낸 마음을 그리도 보듬지 못하다니. 여러 생각으로 편치 않다. 자연은 이토록 아름다운데 말이다.

한 아름 고목이 둥치를 다 내어놓고 비스듬히 누워있다. 한때 무성했을 잎을 피워내며 누군가의 그늘이 되는 초록 꿈을 꾸었으리라. 마지막 기운이 느껴져 아릿하다. 내 인생도 언젠가는 고목이 될 터인데. 다가서니 바짝 마르고 움푹 파인 나무 골 사이로 싹틔운 잎 하나 파릇이 쳐다본다. 한 생명을 보듬기 위해 햇빛과 물로 영양분을 만들어 강한 생명력으로 키운듯하다. 생존의 버팀목인 그 힘이 어디에서 났을까. 살그니 고개를 내미는 끈질긴 삶이 대견스럽다.

숲도 나무와 동식물이 조화를 이루며 살아간다. 함께 어울려야 쉽게 시들지 않고 서로 성장한다. 그들의 삶도 최선을 다하는데 물 위 기름처럼 빙빙 겉도는 결혼생활, 아직도 여물지 못한 삶에서 허둥대는 내가 한심스럽다.

자기 자리를 꿋꿋이 지키는 산, 이곳에서 나를 다스리기를 몇 번인가. 어쩌면 인생도 더불어 사는 듯 보이지만 결국 내가 선택하며 나아갈 삶이 아닌가. 온갖 나를 뒤적여본다. 이리저리 뒤적여봐도 산은 그대로 있다. 산은 꿈적하지 않는다. 산을 넘을 수 있을까. 그 산은 멀리 있는 것이 아니고 내 마음의 산이다. 돌고 돌아온 내 인생의 산은 이제 몇 고비나 남았을까.

걸터앉은 등걸 위로 구름 무리가 떼지어 지나간다. 숲이 일렁일 때마다 생명은 잎사귀를 세우고 내 마음을 스친다. 잔잔한 물소리 같기도 하고 나를 부르는 것 같기도 하다. 바람이 온몸에 닿는다. 그 촉감이 싱그럽다. 마른 영혼을 채워주는 산소를 품어내며 내 결을 삭힌다. 앙다문 입가 민무늬근도 슬슬 풀리고 삽상한 공기가 더없이 자유롭다. 느닷없이 너털웃음이 쳐지며 숲 끝에 닿은 소리는 언어가 되어 메아리로 내게 온다. 다툼의 이유가 희끄무레해지고 형체는 사방 흩어진다.

사는 게 오롯이 모진 건만은 아닐 터. 어깨에 얹힌 무거운 마음들을 내려놓고 서로를 가벼이 비워보자. 어색한 손을 다잡고 숲을 걷는 기쁨의 순간을 마련해 둔다면, 그와 나의 산에서 수런대는 숲 내음이 유달리 짙을지도 모른다.

뒤집어봐도 삶이 별거 없지만 그래도 다시 뒤돌아보니 새로운 길이 보이기도 하다. 언제나 내 편이 되어 다독여 주는 산, 그 포근한 가슴을 얼른 두 손으로 안고 집으로 향한다.

벽이 물끄러미 쳐다본다

가슴에 뜨거운 것이 올라온다. 도대체 왜 이렇게 나를 힘들게 하는 거야. 그만 힘들었으면 좋겠다. 심장이 쿵쿵거리고 열이 오르니 얼굴이 붉으락 해진다. 삶이 맨발로 걷는 자갈밭 같다.

방안 사각 면에서도 벽이 가지는 서로의 감정과 따뜻함이 다르다. 벽에도 마음이란 게 있다. 보듬어 주는 배려심 깊은 벽이 있다면, 상대는 아랑곳없는 매몰찬 벽도 있다. 화성이나 토성의 다른 별에서 온 것처럼 대화가 막히는 벽도 있다. 침묵하는 벽은 오히려 소통의 틈이 보인다. 누가 뭐라 하든 귀담아 듣지 않는 벽-창호는 무조건 자기 말은 옳고 남의 말은 틀리다 한다.

벽도 이럴진 데 하물며 사람과의 관계에서 저마다의 삶이

다름을 이해하려니 내가 외롭고 힘겹다. 슬쩍 눈감고 비켜 가려거나, 모른 척 일관하거나, 자기 말만 고집하는 상황을 감수하려니 숨이 목구멍까지 차오른다.

건축은 건축주, 건축사, 시공사의 합작품이다. 특히 시공사는 건축사와 머리를 맞대고 가장 합리적, 유용성 있게 멋진 건물을 설계하는 것이 중요하다. 그다음 직접 집을 짓는 시공사 기술이다. 집 한 채가 완성되기까지 많은 사람의 지혜와 땀과 노력이 필요하다. 집 짓는데 제각각 분야가 100여 가지가 된다. 그 사람들의 기술이 하나하나 조화롭게 어울려 작품이 완성된다. 그러니 건축주는 시공사와 궁합이 좋아야 하고, 시공사는 현장 공사를 받쳐주는 도급업체를 잘 만나야 한다. 그야말로 건축은 종합 예술이라 해도 무관하지 않다.

건물 공사 시작한 지 1년 6개월, 겨우 날짜에 맞추어 준공했다. 지난여름 완공해서 이곳저곳 하자보수 해온 것이 해를 넘겨도 진행 중이다. 계속되는 하자에 신경이 날카로워져 잠 설치기 일쑤다. 전화벨 소리만 나도 무슨 일이 터졌나 가슴이 두근거리고 노심초사 긴장하게 된다. 얼마 전에는 소방배관이 터져 3층에서 지하층까지 물난리가 났다. 원인을 파악하여 수습하고 마무리를 깔끔하게 하면 되는데 늦장 부리다 일을 크게 만들면서 속을 태운다. 미적거리는 바람에 사는 이에게 불편을 주었다. 문제는 근본적인 대책이다.

얼마 전, 도급업체와 하자 수습에 관한 논의를 했다. 늘어놓는 억지 주장에 기가 막히고 힘이 빠져 집으로 오다가 길에 주저앉았다. 다리에 경련이 와서 119에 실려 응급실에 갔다. 스트레스가 만병의 근원이란 사실을 실제 체험해보고 나니 닥칠 일이 겁나고 한숨이 나온다. 어쩌나, 아직도 갈 길이 먼데.

적반하장이라며 밍기적대는 업체와 악쓰며 싸울 수 없어 마음을 누르자니 버텨온 기운마저 사그라진다. 뒤통수에 번갯불 제대로 맞으며 뒤늦게 인생살이 혹독함을 치르는 중이다. 사는 것이 그런 것 같다. 지인일 때와 사업이 연결되었을 때 관계의 중요성을 실감한다. 오랜 인연으로 맺어진 시공자 역시 도급 실무자를 잘못 만난 탓이거니, 연민이 생겨나 차마 입밖에 뱉지 못하고 털썩 주저앉는다.

'건축가의 도덕이란 집을 짓고 난 뒤 터전을 깔끔히 치우는 것이다. 무언가를 이루었다면 뒷정리를 확실히 해야 착수한 일이 끝나고 완성을 거둔다' 라고 니체는 말한다. 마무리가 허술한 업자들에게 삶의 가치가 무엇이냐고 묻는다면, 그들의 대답이 사뭇 궁금하다.

현장서 추위에 떨다가 현관에 들어서니 설렁한 기운이 온몸을 감싼다. 울컥거려진다. 사업에 관한 일은 내 발등에 물 붓는 격이라 아무에게나 털어낼 수 없다. 자기 일도 바쁜 아들에게 일일이 얘기하자니 신경 쓰일까 걱정된다. 혹여나 젊은 혈기에 감정으로 부딪힐까 봐 되도록 표현을 삼가게 된다. 이럴 때 의논하고 하소연이라도 할 수 있는 존재가 절실하다. 욕이라도 맞장구를 쳐줘야 속이 시원해지는 맛이 날 터다.

씁쓰레한 마음을 쏟아내다가 고개를 드니 사방 벽이 물끄러미 쳐다본다. 한 벽이 안쓰러운 무언의 눈빛을 보낸다. '그 심정 내가 들어줄게. 산다는 게 모질고 힘겨운 것만은 아니다. 시간으로 해결될 것이니 마음 다치지 말라' 한다.

많은 방을 가졌어도 정작 내 마음 채워줄 방 한 칸이 없다. 화려하고 멋진 방을 바라는 게 아니다. 슬픔을 쏟아내면 말없이 엉킨 덩어리를 녹여주고, 볼륨을 높여 목청을 빼도 허물이 없고, 초라한 마음을 꺼내 형식 없는 글을 써도 부끄럽지 않을 방 하나가 그립다.

이 세상 나만의 공간에서 나를 쉬게 하는 게 큰 욕심인가. 잎사귀 뒤로 숨어드는 달팽이처럼 나도 때때로 내 몸 하나 숨을 곳이 필요하다. 그곳에서 새 기운을 받고 힘과 생명을 얻어 잘 살아가고 싶다.

깊게 심호흡을 해 본다. 산다는 것은 잘 견디며 힘차게 버티는 거다. 발이 닿을 때까지 가보자. 어느 날 문득, 내 인생의 문이 달라지려나.

저기 걸어오는 것이 봄인가

가슴 벌렁대고 눈에 콩깍지 끼는 설렘이 언제였던가.

결혼한다는 소리에 밤새 울어 눈이 퉁퉁 부었든 내 아름다운 짝사랑 중학교 음악 선생님, 이후 가슴 심쿵한 적은 있었지만 꽃피우지 못하고 한 줌 바람처럼 지나갔다.

흔한 맞선 한 번 본 적 없다. 그런 만남의 방식은 내 취향이 아니었다. 멋진 영화 한 장면처럼 아름답고 우연한 만남을 원했다. 정신적 결함도 없고 신체적 조건도 관심 못 받을 정도도 아니고 유혹도 있었다. 왜 그럴까 곰곰 생각해보니 문제는 바로 '나'다. 다정다감하던 아버지의 갑작스런 죽음으로 인한 그리움이 연상을 좋아하게 되었다. 가시고기 부성애 같은 정감 있는 사람만 기다렸다.

소설처럼 꿈같은 사랑이 어디 흔한가, 나만의 착각에 빠졌으니 연애가 쉽게 이루어질 턱이 없고, 절절한 사랑 한번 제대로 못 한 건 사실이다. 결혼은 어떻게 했냐고 묻는다면 아이러니하게도 나이도 어리고 부성애는커녕, 보듬어야 할 모성애가 더 필요한 사람을 만났다.

가을비가 부슬부슬 내리는 날, 덕수궁 미술전을 보러 갔다. 덕수궁 안에 있는 찻집에서 창에 맺히는 물방울을 보며 커피를 마시고 있었다. 지금은 그 찻집이 없어져 추억하나 사라졌지만. 커다란 갈색 뿔 태 안경을 쓴 남자가 들어오다가 나와 눈이 마주쳤다. 작품 전시관 안에서 또 마주치면서 자연스레 작품 얘기를 나누었다. 친절한데다 바리톤 목소리까지 제법 괜찮았다. 대구 내려갈 기차표를 끊기 위해 내일 서울역으로 와야 했기에 큰 의미 두지 않고 만남을 약속했다.

다음날 일이 생겨 허둥지둥 표를 예매하고 외삼촌 집으로 돌아가려다 혹시나 해서 덕수궁으로 갔다. 2시간이나 우두커니 서 있던 그의 눈빛에 나는 마음을 놓고 말았다. 이건 절대 우연이 아닌 필연이야,

'나의 마지막 여자가 되어주기를….'

진지한 표정으로 용기백배 말하는 서투른 고백에 감동도 받고 동요도 되었다. 굳이 변명하자면 그때 가을 고독감에

젖어 있었고, 전시되고 있던 노란 국화 더미에서 뽑아내던 향이 유독 짙었던 탓이고, 나는 조금 로맨틱해져 있었다. 결혼 후 물었더니 어이없게도 마지막 여자라는 멘트는 기억도 못했다.

나를 만나러 서울서 대구로 뻔질나게 오르내리다가 어느 날 통행금지에 걸렸다. 하룻밤 만리장성이면 인륜지 대사를 치러야 한다는 게 어머니 가치관이다. 내 나이 스물다섯, 수다 떨던 친구들은 거의 결혼하고 다니던 직장에서 퇴직하고 쉴 때다. 과년한 딸을 걱정하는 서두름에 발빼이 힘들게 현 상황이 딱 들어맞았다. 이별한다는 것도 두려워 밍기적 거리며 약혼하고 친구 한 명 없는 먼 한양으로 시집이란 걸 갔다.

각자 성장해온 가정환경, 가치관이 서로 다름의 중요성을 예기치 못했다. 서로를 알아가는 과정이 필요했어도 그냥 같이 살면 되겠지 라는 맹목적 생각만으로 결혼에 뛰어들었다. 덕분에 결혼생활을 위한 공부를 하지 않으면, 준비 운동 없이 깊은 물 속에 뛰어드는 것과 같음을 알게 되었다. 인연의 끈이 느슨하지 않게 인내로 당기고 부대끼면서 언젠가는 더 나아지리라 나를 토닥여 주었다.

남편과 골갱이에도 담담할 수 있었던 건 나를 닮은 아이가 태어나고 엄마가 되는 행복을 주었기 때문이다. 결혼하지 않았으면 이토록 귀한 보물이 어떻게 나에게 올 수 있었을까.

유일한 자식의 성장을 바라보는 비할 길 없는 큰 기쁨도 안겨주었기에 그만만 해도 감사한 일이다.

인생은 기준도 정답도 없다. 선택의 순간들을 모아두면 그게 삶이 되는 거다. 매 순간 어떤 선택을 하느냐 그게 바로 인생을 결정짓는 게 아니겠냐며 삶이 나에게 묻고 있다.

'산다는 게 다 그런 거지. 소설 같은 한 편의 얘기들을 세상에 뿌리며 살자. 자신에게 실망하지 마. 인생은 지금이야.'

어느 순간 돌아보니 젊음은 지나가고 보낸 세월만큼 감성조차 무미건조해진 휑한 가슴만 남아있다. 그 안으로 흘러드는 아모르 파티 가사, 니체는 운명을 사랑하라며 밋밋한 자각을 흔든다.

'이 순간을 즐겨라!'

사무엘 올만 Samuel Ulman은 〈청춘 youth〉이란 시에서 청춘이란 인생의 어느 기간을 말하는 것이 아니라 '마음'의 상태에 있다고 했다. 점점 나이 들고 있지만 누군가를 마음에 담을 수 있는 순간만큼은 피어나는 청춘이다. 청춘은 나이를 넘어선다. 내 생애 봄이 오는 순간에 내 마음이 청춘이면 나는 아직 청춘이다.

봄이 오려나. 혹여 저만치에서 성큼성큼 걸어오는 것이 봄인가. 한낱 아지랑이인가.

2부

저 꽃을 너에게 줄까

니체와 걷다

나를 만나러 갑니다

동백꽃 미야

우리가 버리지 못하는 것들

마음으로 피는 꽃

땀띠 꽃

사랑, 꽃이 되는

보리수나무 아래서

옛살비

니체와 걷다

작년부터 한참 걷기 운동에 빠져있다. 그렇다고 빌런이라 하기에는 턱없다. 걷고 있노라면 내가 무엇을 좋아하는가, 진짜로 하고 싶은 게 어떤 것인지 알아간다. 자신을 들여다본다고나 할까. 산들바람, 신선한 공기도 오롯이 내 것이다. 일상의 반복에 지쳐있는 몸과 마음의 생체기능에서 생동감이 느껴진다.

니체는 '진정으로 위대한 생각은 전부 걷기에서 나온다.' 하였다. 철학자 루소도 걷기 예찬론자로서 걷기는 숨쉬기와 같고, 몸을 움직여야만 머리가 잘 돌아간다 했으니 그의 철학의 의미는 발걸음에서 나온 것이 아닌가 싶다.

신발 끈 조여 매고 길을 나선다. 선유도공원은 아기자기하게 꾸며져 매력적이다. 나무 데크로 연결되어 물을 담아두었던 사각 공간에는 물억새, 물옥잠, 수련, 부들 등 다채로운 식물들이 수경재배 되어있는 수생식물원이 있다. 물 위로 떠다니는 장구애비, 물방개, 소금쟁이와 앙증맞은 식물을 보고 있노라면 어느 순간 사색에 빠져든다. 다정한 공간은 피크닉하기도 안성맞춤이고 연인들의 데이트코스로도 그만이다. 한강이 보이는 카페에 앉아 커피와 달콤한 케익 한쪽으로 여유를 즐겨보는 것도 운치 있다.

오래전 선유 강가의 빼곡한 버드나무숲, 금빛 모래밭은 한강의 절경 가운데 하나였다 한다. '신선이 놀던 섬' 선유도. 선유의 봉우리에 반해 겸재 정선 선생도 진경산수를 그렸다. 상상으로만 예전 절묘한 풍경과 만날 수 있는 것이 못내 허전하고 아쉽다.

선유도 모양이 고양이 같아 '괭이산' 이라 불렸는데 원래는 섬이 아니었다. 일제강점기에 제방을 쌓기 위해 선유봉의 암석을 캐내면서 1936년 주민들을 강제 이주시켰다. 한강 치수사업을 위한 채석장으로 활용하면서 아름다운 선유봉은 그림 속의 존재로만 남았다. 버려져 있던 선유도는 수돗물 공급을 위해 1978년 선유 정수장으로 만들었다. 이후 한강 수질의 악화로 정수장이 이전되고, 한강공원과 연결하여 2000년에

환경 재생 생태공원 또는 물의 공원으로 조성되었다.

선유봉에서 채석장으로, 정수장에서 공원으로, 수난을 겪은 굴곡진 삶처럼 긴 세월 기구한 운명으로 살아온 것 같다. 새롭게 태어난 자연과 어우러진 도심 속 귀한 자원이기에 가꾸고 보전하여 후세에게 잘 전달되었으면 좋겠다. '걷기 편한 길'이라고 팻말이 붙어있다. 흙길 위로 잔잔한 모래가 덮어져 있어 발바닥 충격이 훨씬 덜 느껴진다. 옆으로 늘어서 있는 대나무끼리 스칠 때마다 우수수 휘파람 소리가 정겹다.

〈엘리제를 위하여〉 곡이 귀를 감미롭게 한다. 걸음을 멈추고 바라보니 머리가 희끗한 노신사가 건반을 두드리고 있다. 이야기 관에는 누구나 칠 수 있는 피아노가 놓여있다. 멋있게 보이는 인생이 살짝 부럽다. 진즉 피아노를 배우고 싶었지만 미적거리다 이제는 손가락 움직임조차 자유롭지 못하다. 소리 울림이 미련의 아쉬움을 슬며시 어루만져준다.

제법 콧등에 땀이 맺히고 심장 박동의 울림이 발밑까지 느껴진다. 그 울림이 내 온몸에 생명의 숨결을 불어 넣는듯하다. 순간, 발걸음이 가볍다. 그 걸음마다 얹힌 내 마음도 가뿐하다. 바람에 잎들이 서로 부딪히며 사락거린다. 이제 가을옷으로 갈아입나 보다.

선유교는 한강공원과 선유도공원을 이어주는 다리이다. 아치 부분은 작은 재미와 스릴을 더해준다. 물 위에 떠 있는 느낌, 처녀출항에서 침몰했던 타이타닉호 뱃머리에서 펼치던 날갯짓이 생뚱맞게 떠오른다.

강북으로 바라보면 난지도 하늘공원, 월드컵경기장, 북한산이 파노라마처럼 펼쳐져 있다. 동으로는 성산대교와 새로 개통된 월드컵대교가 시원스레 뻗어있고 고개를 돌리면 슬픔으로 얼룩진 절두산 천주교 성지가 있다. 국회의사당, 63빌딩, 여의도 고층빌딩도 한눈에 보인다.

집 가까이 명소가 있다는 것은 행운이다. 품어주는 휴식공간이 있어 마음이 넉넉해지고 걸을 수 있는 곳이 있기에 감사하다. 트인 강바람에 덕지덕지 묻어있는 삶의 찌꺼기를 훌훌 털어내고 빈 마음으로 돌아서면 한결 홀가분하다. 좋은 글 한 편으로 마음이 풍성해지기도 하지만 걷기에서 느끼는 만족감도 그 못지않다.

삶이 흔들릴 때면 무조건 걷는다. 아무 생각 없이 걷다 보면 답이 보일 때가 있다. 길 위에서 나를 발견하면 삶이 잔잔해진다.

나를 만나러 갑니다

형태와 색깔은 다르지만 꿈이 없는 인생이 있을까. 악보에 어떤 리듬을 올리느냐에 따라 곡조가 달라진다. 내 꿈이 곡조 선상에 올려졌다면 어떤 마음으로 연주되었을까. 삶마다 의미를 부여잡던 지난 나를 기억해본다.

amabile : 사랑스럽게

유년의 꿈이 구두 한 켤레이던 소박하지만 간절했다.

동갑내기 육촌은 발등에 끈 달린 까만 에나멜 구두를 신고 왔다. 그 애가 온 날이면 통통 부어 괜스레 골을 내었다. 검정 운동화를 툭툭 쳐도 알아차리지 못하는 엄마가 야속했다. 댓돌에 놓인 구두 안으로 슬쩍 발을 집어 넣어보면서 왜 그리도 부럽던지. 엄마에게 조르는 법을 몰랐다. 넌 맏이니까 동생의 모범이 되어야 한다고만 들었다. 학교 입학 전날 아버지가 빨강 구두를 들고 왔다. 품에 안고서 꿈이 날아갈까 봐 뜬눈으로 밤을 지샜다.

Allegro : 활발하고 빠르게

10대는 행복과 불행의 공존이었다. 사립학교답게 시설도 좋고 부유한 가정에서 곱게 자란 학우가 많았다. 교정에 새워진 성모 마리아상의 미소는 내 삶의 지주이다. 아라베스크 곡에 맞추어 흔들던 봉체조, 건반을 치던 선생님과 어쩌다 눈이 마주치면 하루 내내 가슴이 설렌다. 그때부터인가 피아노를 치고 싶다는 생각이 든 것도.

도서관 책 속에 파묻혀 글쓰기를 꿈꾸던 연둣빛도 생생하다. 잠자리에 누워 귀를 세우고 라디오 연속극을 들으며 나만의 글을 써갔다. 상상의 나래를 펼치면서 웃고 울게 하는 그 시간은 즐거움이고 행복이었다. T.V가 생기자 드라마 속 파란만장한 인생을 보면서 세상을 배워나갔다. 인생극의 주인공으로도 살아보고 싶었다. 위로와 희망을 줄 수 있는 매력 있는 일이라 여기며 드라마작가를 꿈꾸었다. 언감생심이었지만 학창 시절 중 가장 아름답던 시간이었다.

함께 꿈꾸던 친구들은 여고로, 나만 여상으로 진학했다.

학교에 애틋한 감정은커녕 주판알 튕기는 소리조차 낯설기만 하다. 여고 시절을 몽글몽글한 추억 없이 그렇게 보낸 건 한동안 '쇼펜하우어의 염세주의'에 심취한 탓도 있다. 단지 육남매 맏이라는 이유로 진학 선택에 걸림돌이던 어린 동생들, 궁핍하지 않던 환경인데도 교육보다 끼니가 먼저이던, 원망의 모든 이유가 다 엄마였던 철없던 때다.

animato : 흔들린 듯 생기있게

꽃으로만 피어날 줄 알았던 20대는 검불 덤불 맞물린 혼돈의 시기였다.

삶의 돌파구라 여겼던 첫 직장은 학연, 학벌로 줄 세우는 모순에서 사회에 대한 두터운 벽만 높아간다. 잘하려 할수록 미치지 못하는 능력에 스트레스만 쌓인다. 포장되지 않는 삶을 산다는 건 많은 용기가 필요하다. 과감하게 회사와 이별하고 지인 따라 생판 낯선 옷가게를 열었다. 손님과 장단 맞추는 재주 또한 서툴러 손해만 안고 6개월 만에 가게를 접는 쓴맛을 경험했다.

무언가 하지 않으면 정체되어 멈추어 설 것 같은 내 존재를 찾아 헤매어도 막상 화살촉은 번번이 빗나간다. 사랑이 오다가 멈추어 서고, 잘 버티고 있다가도 느닷없이 위태한 날도 있었다. 그래도 새롭게 꿈꿀 수 있는 젊음이 있어 아름답다.

다시 공부를 시작했다. 더 나은 '다음'이 손가락 사이로 새 나가지 않게 꽉 쥐었다. 새 직장을 선택하고 인연을 만나 금쪽 같은 아들을 얻었다.

너무 애쓰지 않아도 인생은 숙명대로 흘러가는 물결 같다. 황금보다 귀한 시절, 미리 눈치챘다면 덜 움츠리고 젊음을 발산하는 도전적 삶을 살아보지 않았을까 싶다.

ancora : 다시 한번, 조금 더.

30대 내 안을 파고드는 바람 구멍도 내 몫이다.

못 하나 박으려면 못이 저만치 튕겨 나가는 남편, 서로 다른 가치관은 부딪히기 일쑤다. 완벽한 사람 없듯이 나도 그도 모자람 투성이다. 부족함을 채워주지 못하고 후벼대는 말로 생채기를 낸다. 그래서 마음이 후련해지면 좋으련만 승자도 패자도 없는 상처를 껴안고 불행하다 외친다. 둘째까지 유산되자 일상이 멈추어선 듯 각다분하다.

나만 바라보는 친정은 목구멍에 걸린 가시 되어 찔러댄다. 삼키지도 뱉지도 못하는 통증의 깊이만 더해간다. 산다는 게 듬성듬성 놓여있는 돌다리 건너는 것과 같다. 문밖은 봄인데 마음은 꽁꽁 얼어붙은 겨울이다. 남들은 다 잘 사는데 나는 왜 이리 힘든 걸까. 물을 때마다 멀미가 난다. 내 삶이 의미 없이 지나가는 소리가 들린다. 학교, 취업, 배우자, 기로의 선택에 따라 내 인생이 달라졌을지도 모른다는 갈피에 흔들린다.

나는 누구일까? 중년의 위태로운 사춘기를 다시 치르고 있다.

Adagio : 조금 느려도 침착하게

불혹까지 살아오면서 어디 인생이 계획대로 이루어지든가. 상실감에 허우적거릴 때 옆집으로 그녀가 이사 왔다. 볼 때마다 환하게 웃는 내면이 궁금하여 성당에 따라나섰다. 가정폭력으로 몸과 마음이 멍든 여인, 사업 부도로 가족이 해체된 이, 갖가지 아픔을 치유 받으려는 이웃 속에 내가 보인다. 그들의 아픔에 비하면 내 삶은 엄살에 불과하였다. '모든 게 내 탓이요' 이해되지 않았어도 웅크린 마음의 탈출구가 필요했다.

빈 들녘에 흩뿌려진 씨 한 알에서 신앙이 돋아났다. 그녀는 나의 대모가 되었고 '사비나'라는 이름이 생기고 아들은 '라파엘'이라 불렀다. 남편은 호응도 외면도 없지만 종교란에는 천주교라고 적어 내심 희망적이다.

다시 세상에 뛰어들었다. 테크노 몰에서 남동생과 시계방을 운영했다. 치열한 생존경쟁의 공간 안에도 사람 사는 풍경이 보이고, 따뜻한 인간의 정이 흐른다. 그 속에서 성실하게 최선을 다했다. 30대는 감정적 소모였다면 40대는 현실 관념에 치중했다. 집도 차도 키우고 명품 몇 개로 겉치레를 할 정도로 삶이 편해졌다. 하고 싶은 게 있고 지상 위의 행복을 찾고 싶던 40대다.

Largo : 느리지만 풍성하게

50대 들어서니 마음과 생각의 폭이 넓고 자유롭다. 시행착오도 내게 주어진 삶의 일부라 여겼다. 임대업을 꾸려나가면서 어려운 고비마다 마음 달구는 연습을 했다. 여전히 부족한 부분은 책으로 나를 덥히고 내면을 다독였다.

면 바르게 자라준 아들이 결혼하여 가족이 생기니 울타리가 든든하고 따사롭다. 어머니의 병색이 짙어져도 달리 방법이 없음에 마음이 무겁다. 노인에 관련된 복지정책을 깊게 알고 싶어 대학원에 도전했다. 낯선 공부에 부대끼며 한주 2번 등교, 5학기를 다니고 석사 과정을 마쳤다. 젊은이들과 나란히 졸업한 성취감은 이루었으나 계획했던 요양원 설립은 포기했다. 선택하기에 꾸려야 할 여력이 내 힘으로는 역부족이었다.

세계를 여행하고, 산을 타고, 그림 동호회 활동으로 만남의 관계에서 발견되는 기쁨을 알아갔다. 마음의 곳간을 채워가며 생의 가장 풍성한 시간을 보낼 수 있음에 감사하다. 나를 위한 투자를 아끼지 않았던 워라밸 삶이다.

Andante : 쉬엄쉬엄 평화롭게

항상 머물러있을 청춘인 줄 알았다는 노래 있듯이 어느새 육십 고개를 넘어섰다. 가족들의 죽음과 연이어 마주하면서 내 것으로 담담히 받아들일 수 있는 내성이 생긴다. 삶마다 의미를 부여하다 보니 내 인생이 아무것도 아닌 때가 있었다. 보이는 게 전부가 아니었다. 어둠은 결코 절망이 아니고 내일의 마중물임을 어렴풋이 느끼며 삶에 숙연해진다. 지금의 나는 완벽한가 돌아보면 그렇지 않다. 완성된 사람으로 살기를 노력하지만 죽는 날까지 완벽함이란 없는 듯하다.

이제 추구보다는 비워내며 이쁜 날은 가슴에 담아두는 갈무리 중이다. 마지막 종착지까지 쉬엄쉬엄 보람있게 살아갈 것이다. 나를 더 아끼고 주변을 사랑하면서.

'우물쭈물하다가 내 이럴 줄 알았다' 버나드 쇼의 묘비명이다.

죽음을 기억하며 남아있는 것의 아름다움을 잃지 말라는 무언의 메시지이지 싶다. 아직은 가슴에 뜨거운 열기를 품고 있는 육십 줄이다.

내 남은 꿈을 장식해 줄 곡조는 무엇이 될까. 글 잘 쓰는 사람이 되고 싶기는 하다.

동백꽃 미야

가지마다 눈이 소복하다. 눈보라 속에서 붉디붉은 꽃으로 피어나 눈물처럼 내리던 꽃송이, 가슴 아리게 서럽게 맺혀있는 몽우리 사이로 한 얼굴이 겹쳐진다. 해말간 얼굴에 입술이 붉은 동백꽃을 닮은 아이, 우리는 '미야'라 불렀다. 그날 그 자리에 없었더라면 슬픈 운명은 비켜 갔을까.

울고 있는 미야를 안고 있는 어머니 얼굴이 하얗게 질렸다. 느닷없이 뛰쳐나온 개가 집 앞에 놀고 있는 아이의 종아리를 물었다. 우리 집과 청기와집은 작은 골목을 사이로 마주하고 있다. 기와집 대문 틈으로 어슬렁거리는 시커먼 도사견의 침 흘리는 모습이 평소에도 무서웠는데 기어코 일이 터지고 만

것이다.

기와집 주인 여자는 미안하다며 머큐로크롬액(빨간소독약)를 덜렁 던져 주고는 돌아섰다. 임시방편으로 약을 바른 후 병원 가서 치료를 받았다. 옛말에 개에게 물리면 미친다는 속설도 있고, 여자아이 종아리에 상처로 남을까 봐 걱정되었다. 퉁퉁 부은 다리에 난 선명한 이빨 자국이 끔찍해 달려가 몽둥이로 개를 패주고 싶었지만 억지로 삼켰다. 흐릿하게 상처는 남았지만 별 탈 없이 잘 놀기에 안심하면서도 등허리가 왠지 서늘해졌다.

4주째 되는 날, 잠자던 미야가 고열에 시달리기 시작했다. 혼절하는 증세까지 보여 대학병원 검사를 다시 받았다. 뇌막염이었다. 개에 물려 염증이 뇌를 자극했을 수도 있고, 다른 병변으로 생길 수도 있다는 의사 말이 애매모호 하다. 혹시라도 언쟁에 말려들까 봐 몸을 사리는 것처럼 보였다. 까만 머리가 잘려 나간 자리에 주사기가 꽂혔다. 나만 보면 생글거리며 웃는 아이를 보니 내 가슴에 금이 가는 듯했다. 그 벌어진 금 사이로 무언가가 스며들었다. 슬픔, 안타까움, 미안함 같은 것이 나를 빤히 쳐다보고 있었지만 내가 할 수 있는 일은 없었다.

수개월 병원에 있어도 앞집은 생판 모른 척했다. 행여 어깃장이라도 놓을까 싶었는지 선을 확실히 그었다. 그들의 형편을 이해하면서도 병문안조차 오지 않는 야박함에 뼈저렸다.

인간이란 결국 이기적인 동물일지 모른다. 남의 큰 고통보다는 제 손톱 밑의 가시가 더 아프고, 아무리 친하게 지냈더라도 자기에게 불리하면 냉정하게 등을 돌리는 게 인간의 본성일까. 어머니는 이웃 간에 드잡이는 안 된다며, 혹시라도 그 화가 아이에게 우환이 될까 조바심을 내었다. 어머니 심정을 왜 모르겠는가. 나서서 책임을 물어주는 가까운 친지조차 없는 외아들인 아버지의 부재가 유난히 크게 다가와 외로웠다. 그 일을 생각하면 검불 날리는 텅 빈 들녘처럼 가슴이 휑하다.

늦가을 바람에 눈이 시린 날, 미야를 떠나보냈다. 또래보다 작은 체구지만 눈망울이 별같이 빛나던 유복자 막내. 웃으면 뺨에 살포시 보조개가 피어나고, 골목 어귀에 내가 보이면 큰 언니야 라며 나폴거리며 뛰어오던 작은 노랑나비 같던, 옆에서 조잘거리면 귀찮아 짜증을 내고 구박해도 사랑의 표정으로 웃게 만드는 애교 많은 아이였다. 그 재롱을 보면서 어머니는 삶의 시름을 덜어내었다.

살려보고자 손에 쥔 마지막 끈을 끝까지 놓지 않았던 어머니. 한밤, 재만 남은 아궁이를 들썩이며 넋두리하던 모습이 지금도 내 가슴에 불도장처럼 찍혀있다. 어머니는 겨우 5년 살게 하고 데려가야만 했냐며 돌아가신 아버지를 원망했지만, 남은 자식 볼세라 소리 없이 속울음을 삼켜내던 구부린 등만 들썩였다. 개 주인의 머리끄덩이라도 잡고 원통한 마음을 토해낼 법도 하건만, 사람 좋은 게 무슨 대수라고 그렇게까지 참는지…. 그런 어머니가 답답하여 화가 났지만 나 역시 가슴이 무너지는 슬픔에도 어찌할 수 없었다.

미야가 떠난 그해 유난히 많은 눈이 내렸다. 설움이 눈망울이 되어 우리 곁에 온 걸까. 내리는 눈 사이를 마냥 걸었다. 분분히 내리는 눈들이 모두 미아였다. 나는 한참을 눈 속에서 있었다. 저 눈이 그치면 너는 떠나겠지. 두 손에 담은 눈이 녹아내리는 게 안타까웠다. 피지도 못한 채 짧은 생을 산 아이, 더 다정하게 보듬어 줄 것을. 아프다, 문득.

미야 야, 보고 싶어 하던 아버지별 옆에서 작은 별로 빛나고 있겠지. 이젠 돌아가신 엄마 품에 안겨 원 없이 응석도 부리겠지.

그거 아니? 너는 우리의 사랑이고 그리움이란다. 다시 만날 때는 붉은 동백꽃으로 활짝 피어있기를.

우리가 버리지 못하는 것들

어느 날부터 우리 집에 사람들이 찾아올 일이 없다는 걸 알았다. 밥상머리서 정이 나온다는 '엄마 밥…' 의 자리가 좁아진다. 특별한 날이 아니라도 가족끼리 외식도 당연하다. 수고도 덜고 번거롭지 않아 이제 편한 것에 오히려 익숙하다.

이해인 수녀는 자기의 내면을 시에서 말하고 있다.

"삶은 갈수록 무거운데 나는 갈수록 가벼운 것을 좋아한다. 어쩌나, 옷도 가벼운 것이 좋고 책도 가벼운 것이 좋으니"

왕으로 태어나 부와 권세를 누리고 잘 죽은 솔로몬, 후세 가장 지혜롭다는 사람이 남긴 조언은 결국 '인생은 헛되도다' 이다, 헤밍웨이의 법칙을 본다면 사람들이 필사적으로 찾아 헤매는 행복은 옆에, 바로 앞에 자기 손이 닿는 데서 꽃밭을 만드는 것이라 했다. 이 모든 것이 먼 곳의 화려함보다 내 곁의 소소함이 더 소중하다는 뜻이다. 역사상 이름을 남긴 사람들이 겪고 느껴서 얻은 결론은 결국 비우고 살기다. 저승길에는 아무리 많은 재물도, 명예도 담아가지 못한다. 왜냐고? 수의에는 주머니가 없다는 사실이다.

비우고 살기로 마음먹었다. 수저통에 여분의 수저가 거추장스러워 세 벌만 남기고 식기도 줄였다. 진열장에서 먼지 쌓인 소위 명품그릇, 조리 기구도 내려놓았다. 커피 머신은 일회용 커피로 바뀌었고, 그마저도 커피양을 줄여야 할 판이다. 일 년 양식의 준비를 위해 갈고 다지던 대형 믹서기, 명절을 위해 장만한 전기 사각 프라이팬, 이 또한 예전처럼 바닥에서 새우등처럼 구부리고 몇 시간씩 부침개 부칠 일이 없다. 집들이로 받은 가습기 등등 끄집어내니 나와 인연 맺고 몸 기대어 살았던 것이 제법 많다.

발이 힘들어하여 신길 수도 없는 불편한 신발, 벼르다가 샀지만 아까워 모셔두기만 하던 비싼 것들이 신발장 자리를 채우고 있다. 들었다 놓았다 남 주기도 꺼림직하여 쓰레기 봉지에 집어넣는다. 장롱 안은 또 어떤가, 치우지 못한 유행 지난 자질구레한 옷들로 숨쉬기가 벅차다. 쟁여둔 침구도 질식

한다고 투덜댄다. 우리 애들도 웬만하면 자고 가는 일이 없다. 형제자매끼리도 한 이불 덮고 소곤대던 것은 옛이야기다. 집이 멀어도 대수롭지 않다. 교통수단이 오직 좋은가.

물품을 치워낸 자리가 티끌 벗겨낸 듯 환하다. 공간의 넉넉함. 버린 후에 주는 이 후련함.

삶도 숨이 막힐 때가 있듯이 숨어있는 것들로 가슴이 답답할 때가 있다. 쓰임새도 별로 없는 것을 껴안고 궁상떠는 내가 한심스럽다. 물건에만 그런 것이 아니다. 마음 비우기도 힘이 든다. 단조롭게 살고 싶어도 그렇게 잘하지 못한다.

나는 왜 그리 못하는 걸까. 완벽하고 집요하거나 집착하는 성격이 아님에도 비우지 못하는 것은 무엇 때문일까. 얄팍한 정, 관계에서 손을 놓지 못하는 것들, 생각해보면 뭔가 나의 조각이 떨어져 나간다는 안타까움 때문일 수도 있겠다.

'마음이 비워져 있으면 정의와 진리가 들어와 살 것이요, 마음이 차 있으면 물욕이 침입하지 못할 것이다'의 채근담의 글귀처럼 비우기가 쉬우면 삶에 갈등하고 마음이 외로워지겠는가. 다 비우면 무슨 힘으로 살아갈까, 고민하지만 내 안에서 버티던 생각의 방향을 옆으로 돌리니 멍에 한풀 벗겨낸 듯 삶이 훨씬 가벼워진다.

사각 틀에 갇혀있는 나를 종종 본다. 틀에서 벗어나면 나를 괴롭히는 일을 서슴지 않았다. 기준을 줄 세우고 상대를 바라보았다. 인간이 인간에게 잣대를 들이대며 평가를 한다는 자체가 오만이다. 어느 순간, 작은 편견부터 무너트리니 마음이 겸손해지고 정신이 샘물처럼 맑아 온다.

대부분 삶이 그러듯이 나도 욕심의 짐을 안고 고단하게 살아왔다. 살다 보니 나이에 따라 보이는 것들이 달라진다. 젊어서 그리 좋았던 것들도 거추장스러워지고, 어느 날은 아무 미련 없이 다 버리고 싶은 마음이 생기기도 한다.

그래, 어정쩡하게 뻗어있는 삶의 곁가지를 미련 없이 잘라낼 때 인생은 가벼워질 것이다. 아니 우리가 버리지 못한 것들이 거꾸로 우리를 버려준다면…. 바랄 뿐이다.

마음으로 피는 꽃

올겨울의 내 삶은 조금 지쳐있었다. 겨우내 쿨럭대는 흔적을 내 몸에서 내보내고 싶었다. 사람과의 신뢰가 흐물거렸고 그로 인한 상처의 구멍마다 마른기침이 들락거렸다. 스산한 마음을 안고 어디론가 떠나려다 문득, 어느 해 밤바다를 기억해 내었다.

길고 둥근 접시 같은 백사장을 품고 있는 바다와 마주 본다. 들숨 날숨이 번갈아 목울대를 밀어 올리니 뻥 뚫린 목 사이로 냉기가 사하다. 무섭게 먹차 오르는 파도가 모래톱을 들이받고 그 기세에 눌린 모래톱이 저만치 맥없이 쓸려간다. 볼을 스치는 바람결이 매의 눈처럼 매섭고 아리다.

갈매기무리가 허공을 향해 질주하고 있다. 멋진 비행으로 자기완성을 시키는 〈갈매기의 꿈〉이 생각났다. 가장 높이 나는 새가 가장 멀리 본다. 높이, 멀리 나르려면 바람을 타야 하고 바람을 타기 위해서는 바람 줄기의 흐름을 위한 기다림이 필요하다. 그들도 처음부터 잘 날지 않았을 테고 날기까지 숨찬 노력과 숱한 갈등도 있었을 것이다. 결국 삶이 버거워도 그들은 스스로 개척하고 인내하고 터득해 나갔을 것이다.

내 삶은 어떠한가, 애매하고 모자라기만 하는 일상에서 자책에 빠질 때면, 성찰보다는 깨지고 부딪치며 사는 삶도 다 이유가 있을 터라 치부해 버리기 일쑤다. 갈매기는 그런 나에게 무엇을 말해주고 싶을까. 휘어지고 구부러진 마음이 철썩대는 소리에 묻혀 내 안으로 스며든다.

언덕 위에 홀로 서 있는 카페 안으로 들어섰다. 천정에는 북유럽 감성이 느껴지는 빛이 은은한 펜던트가 달려있고 큰 창 뒤로 바다가 보인다. 연인들의 소근거림, 달콤한 빵 냄새, 진한 커피 향이 어깨 위로 내려앉는다. 눈으로 더듬어 친구와 꽁꽁 언 몸을 녹이던 자리를 찾아내어 앉았다. 라떼 잔을 보듬으니 두 손이 녹아내릴 듯 포근하다.

파도를 타고 차가움과 뜨거움이 눈물처럼 배어 나온다. 슬프지 않아도 고여 드는 그리움, 친구가 보고 싶다. 눈 내린 바다를 찾아서 우리는 이곳을 무작정 달려왔었지. 을씨년스러운 모래사장을 마주하고는 뜬금없이 무슨 짓을 한 거냐며 얼마나 웃었는지. 캄캄한 바다를 보며 서로 위안을 받고자 했다. 그때의 겨울도 유난히 차갑고 무거웠다.

친구는 심하게 몸이 아팠고 나는 어머니의 병간호로 지쳐 있었다. 어디든 가고 싶은 마음이 절실했다. 생각했다. 바다, 라면 우리들의 마음을 위로해 줄 수 있을 거라고. 그때 을왕리가 떠올랐다.

그녀는 절망할수록 삶의 의지는 강했다. 심장 수술로 숨이 가빠 할딱거리는 가녀린 몸에도 일을 멈추지 않았다. 바람 불면 넘어간다며 나를 더 챙겨주던 온기 있고 다정한 그녀, 출근하는 버스 안에서 쓰러져 응급실에서 일주일을 버티다가 눈 한번 떠보지 못한 채 하늘의 별이 되었다. 연이어 어머니도 내 곁을 떠났다. 친구와 어머니의 마지막을 배웅하면서 인생이 덧없다고 느꼈다. 남겨진 나는 두 그림자에 머물면서 죽음의 상실감으로 힘들었지만 남은 상처 덧나지 않게 잘 싸매며 견뎌 왔다.

짓누르던 마음 돌을 치우려 이곳에 와서는 시간의 흐름에도 지워지지 않는 친구와의 기억에서 연연하고 있다. 내 생도 언젠가는 끝날 것이지만 삶의 기쁨을 나누고 상처의 후유증을 다독이기도 하면서 그래도 나는 살아있지 않는가.

곁에 서 있는 나무는 피어날 봄을 향해 꽃망울로 맺혀있다. 가지마다 미소를 머금은 꽃눈이 내 시린 등을 토닥인다.

'조금만 기다려볼래, 마음으로 꽃이 필 때까지'

아! 아직 나에겐 차가운 계절이구나. 다시 올 때는 완연한 봄이었으면. 그때는 나를 아프게 한 지인과의 관계를, 미움을 내 안에서 놓을 수 있으리라. 비워내지 못한 겨울을 다시 담고서 카페를 나선다.

머플러를 어머니 목에 둘러주고는 휠체어를 밀고 가는 딸을 보았다. 찬바람을 가로지르며 행복하게 웃고 있는 모녀의 얼굴은 연분홍 꽃잎이다. 봄이다. 나는 푸른 바다 위를 걷고 있는 봄을 보고 있다.

삶이 늘 봄만 같이 따스하기만 하겠는가. 겨울도 봄도 내 마음 따라 흔들리는 것일 뿐. 봄을 만나지 않았다고 말할 수 있을까. 움켜쥔 손안의 겨울을 슬그머니 내려놓는다. 친구가 웃고 있다.

땀띠 꽃

지독하게 견디기 힘든 여름이었다. 첫 인연이던 아홉 살, 그해.

푹푹 찌는 장장 하일夏日, 온몸에 울긋불긋 땀띠 꽃망울이 맺혀있다. 담장 아래 화초들도 축 늘어져 숨쉬기 힘겨워한다. 부채조차 흔하지 않아 번갈아 가며 부채질을 하였다.

아버지는 퇴근길에 자그마한 그를 데리고 왔다. 생판 낯선 것이 신기하여 올망졸망 모여 앉았다. 작은 몸체에 비해 제법 기운은 세지만 몸이 경직되어 좌우로 움직이지 못한다. 얼금얼금한 생김새가 걱정되어 나일론 망으로 촘촘하게 두겹을 이쁘게 씌웠다. 가까이서 마주 보면 큰일 난다는 아버지의 으름장에도 불구하고 앞에 가려고 쟁탈전하던 기억에

웃음이 난다.

그를 만난 그해 땀띠 꽃이 활짝 피진 못했지만, 여름 내내 밤마다 깊고 편안하게 잠들 수 있었다.

자식 정이 유별나던 아버지 덕분에 문명의 혜택을 일찍 경험한 편이다. 지금은 때와 장소 불문하고 그를 몸에 딱 부치고 친하게 지내는 편리한 세상이다. 풍족한 에어컨 시대에 살고 있지만 얄팍한 서민들 살림살이에서 아직은 필히 대접받는 귀한 존재임은 분명하다.

혼자 살던 어머니는 내가 선물한 선풍기를 반들반들 닦으며 행복해하였다. 우리 집에 모시기 위해 살림을 정리하던 정신없는 와중에도 그부터 챙긴다.

"얼마나 한다고, 그냥 버려요."

무심코 던진 내 말에 정색한다.

"무신 소리 하노, 우리 딸이 준긴데, 내 죽을 때 까정 끄떡없다 아이가."

그게 뭐라고 별스럽게 애착을 가진 건 자식에 대한 그리움이 아니었나 싶다. 딸 아들인 양 그와 대화하면서 즐거움을 나누고 외로움을 달랬으리라. 뜸하게 찾아오는 자식이 서운해지면 곁에 있는 네가 효자라며 칭찬도 해 줬을 것이다. 가슴이 뜨끔하고 아리다. 머리카락 사이로 칼바람이 불던 날,

아픈 어머니 옷가지에 얹혀 내게로 왔다. 강산이 변하는 십 년 동안 끄떡없이 돌아간다.

어찌 된 일인지 어느 날부터 자꾸 신음을 낸다. 느닷없이 윙윙대다가 털털거린다. 귀에 거슬려 툭 쳤더니 쇠스랑 그어대는 비명을 지르면서 내 속을 태운다. 묻어있던 시간의 짐이 너무 버거웠을까. 이쯤에서 쉬고 싶다고 말하는 듯하다. 수명을 다하여 방법이 없다는 철물점 아저씨 너털웃음이 야속하고, 언젠가는 뒷골목에 내동댕이쳐질 그가 가여워 코끝이 찡하다. 예약되지 않는 생의 마지막 단면도 이와 같을까. 헛헛한 삶에 부아가 나서 애꿎은 돌멩이만 걷어찬다.

어머니도 그도 조금씩 힘을 잃어간다. 삶의 무게에 눌려 날개 죽지는 활 모양새로 휘어지고 소리 없이 꺾인다. 병이 깊어져 실 날 같은 목숨 줄로 연명하는 어머니, 뜨거운 불에도 끄떡없는 무쇠인 줄 알았다. 홀로 오 남매를 지키던 단단한 뚝심도, 바위 같은 강인함도 흐르는 세월 앞에는 장사가 없는 듯하다. 나의 생생한 젊음도 언젠가는 고쳐 쓰기도 쓸모있게 다듬을 수도 없는 지경이 될 것이다. 마음과 달리 쓰임새가 없음을 절망하며 발버둥 친들 자연의 순리를 피해갈 방법이 없다. 인생이 허무해도 수긍하고 받아들일 수밖에 도리가 없을 터다. 그래도 누군가는 나를 기억해 주는 삶이기를 욕심내어본다.

제각각 역할로 조화롭게 구성되어있는 복합체의 완성물인 그.

어떤 상황에서도 소임을 다 하던 책임감, 시간의 정확함, 상대를 위한 아낌없는 배려는 허투루 살아가는 군상에 비하면 훨씬 가치 있는 삶이다. 12년을 함께한 선풍기는 어머니가 기운을 잃자 자기도 따라서 퇴직계를 냈다. 얼마 뒤 어머니라는 이름을 내놓으셨다. 이제 홀가분해지신 셈이다. 선풍기도 더는 움직이지 않았다.

거리를 걷다 보면 가게들이 에어컨을 틀고 문을 열어두어서 순간 시원함이 느껴진다. 이제 땀띠 꽃이란 이름의 꽃은 사라져 버린 모양이다. 땀띠 꽃도 어머니의 낡은 선풍기도 마침내 잊히겠지만, 내 마음속에서는 영원히 살 것이다.

무릇 일개 기계인 선풍기도 이렇게 사람과 정을 나누고 지키는데, 세상이 그렇지 못한 게 답답하다면 지나친 생각일까.

사랑, 꽃이 되는

조용하다. 평소라면 어항 옆을 지날 때마다 또르르, 뽀글뽀글 물방울 맺히는 소리가 정겹게 들려올 터다. 물고기들이 사열하듯 한쪽 구석에서 애처롭게 쳐다본다. 사랑으로 대하는 나를 알아보는 영특한 애들이다.

산소기가 막혔나 물에 씻어 다시 장착을 해봐도 작동이 안 된다. 아무래도 고장 난 것 같다. 이 시간이면 수족관 문도 닫혔을 듯싶다. 밤새 어찌 지낼 수 있을지 신경 쓰여 영양제 한 톨 넣어본다. 먹이를 주면 쪼르르 입을 봉긋하며 몰려드는데 반가워하는 기색이 전혀 없다. 걱정되어 밤새 엎치락뒤치락 잠을 설친다.

아들 어렸을 적, 한밤중 몸이 불덩이처럼 펄펄 끓었다. 해

열제를 먹이고 어찌하여 재웠지만 걱정되어 뜬눈으로 밝히다가 날이 밝기 무섭게 병원으로 달려갔던 기억이 나 마음이 불편하다.

아침 일찍 수족관으로 가서 산소기와 초록으로 너울진 수초를 샀다. 온 김에 나란이 닮은 아이 네 마리, 하늘빛 구피 두 쌍도 데려왔다. 어항이 처음 우리 집에 왔을 때는 얘들이 가득했는데 알 수 없는 병으로 떠나보내고 한동안 가슴앓이를 했다. 나란이는 생명의 도리를 잘하며 씩씩하고 튼실하여 여간 이쁜 게 아니다.

어항 청소를 하고 수초를 심었더니 용궁 풍경이 새삼 신비롭다. 산소기를 넣고 십여 분 지나자 그제야 마음이 놓였는지 수초 사이를 유영하며 저들만의 유희를 즐긴다. 자식을 바라보는 어미 마음이랄까. 안도감이 들어 흐뭇해진다. 생물도 사람과 다를 바 없다, 정성과 보살핌을 쏟는 만큼 건강하게 자란다.

어제 본 뉴스가 떠오른다. 아동 폭력, 심지어 잔혹하게 죽이는 철면피 같은 사람들이 있다는 게 믿기지 않는다. 사랑의 자양분을 먹고 자라나야 할 어린아이들이 학대의 아픔을 겪고 있다. 프란시스코 페레 는 '꽃으로도 아이를 때리지 말라' 했다. 보호받아야 할 소중한 존재를 부모라 하여도 목숨을 함부로 다룰 권리는 없다. 세상이 아무리 험난해도 생명이 경시되어서는 안 될 일이다.

구피가 분만 기미를 보인다. 통증이 심해 오는지 어항 유리에다 코를 박고 오르락내리락하면서 몸부림을 친다. 고통을 참으며 불러온 배에 힘을 주니 30분 동안에 28마리의 새끼들이 태어났다. 뱃속에서부터 익힌 듯 눈곱만한 몸을 이리저리 오가며 능숙하게 헤엄친다. 탄생의 신비로움이다. 생존의 본능은 말할 수 없는 환희와 짜릿한 감동까지 안긴다.

출산의 진통으로 쩔쩔매던 때다. 염치 불고하고 엉엉 소리 내어 울던 내게 엄마가 되려면 이 정도 고통은 참아야 한다며 무덤덤하게 말하던 의사, 그때 왜 그리도 야속하던지. 양수에 흠뻑 젖은 채로 세상 밖으로 나온 아들을 보자 악몽 같던 고통은 순식간에 사라지고 기쁨과 감사의 눈물이 나왔다.

담배 한 대 태우고 오니 아기 울음소리가 들렸다는 남편의 무심함이 서운해 잠깐 밉기도 했다. 눈앞에서 번개가 번쩍이는 산고의 고통을 알기 나 할까.

요즘 치어들의 성장 과정을 보는 새로움에 푹 빠져있다. 눈뜨면 안부 묻듯 별일 없는지 살펴보고 밤새 허기를 생각하며 밥부터 챙겨준다. 90일이 되자 꼬리가 생기고 제법 고운 모습으로 변한다. 씨도둑은 못 한다고 했던가, 어쩌면 저리도 닮아갈까. 나 혼자 실실 웃는다.

세세히 살펴보면 열대어마다 행동, 느낌이 다르다. 위아래, 바닥까지 잠시도 가만있지 않고 떼쟁이들처럼 모여드는 구피는 정이 많고 사람도 잘 따른다. 난 그들을 꼬망이라 부른다. 나란이는 물의 중간층에서 점잖은 선비처럼 나란히 줄지어 다녀서 붙여준 이름이다. 본이름은 '라스보라 헤테르몰파'이다. 어항 안에도 질서가 있다. 먹이를 먹을 때도 부딪히지 않게 서로를 배려하며 유영하는 모습에서 순리에 따른 삶의 지혜를 배운다.

어느 해 여름, 지인 사무실에 들렀다. 어항 속 열대어들이 형형색색 자태를 뽐내며 수초 사이로 점점이 날아다니는 모습이 귀여웠다.

"넘 이쁘죠, 키워보실래요? 여기 애들은 물만 깨끗하게 해주면 돼요."

사무실 확장을 위해 어항 처리에 고심 중이라 한다. 전생에 열대어와 기막힌 인연이 있었을 것 같은 기분 좋은 상상을 하면서 그날로 데려온 애들과 가족이 된 지 5년이다. 자다 깨어 잠 못 이루는 밤이면 창가에 무료하게 서 있는 내게 말동무가 되어주는 벗이기도 하다.

애들 잘 지내냐며 나눔을 주었던 지인이 안부를 묻는다.

"네, 머지않아 증손주까지 볼 것 같아요." 서로 까르르 웃는다.

열대어와 함께하면서 그들의 성장 변화를 보는 즐거움은 일상의 낙이고 행복이다. 열대어뿐만 아니라 밀림을 이루는 수초까지 생명의 소중함을 알아간다.

"아프지 말고 오래오래 함께 살자. 내 사랑 나란아, 꼬망아."

보리수나무 아래서

너를 처음 만난 것은 네팔 여행 중이었다.

관광버스에서 내리는 순간 얼굴이 까무잡잡하고 눈이 커다란 열 살 정도 되어 보이는 남자애가 내 옆에 착 달라붙었다. 동으로 만든 그릇을 들고 나무 해머로 칠 적마다 종소리가 났다. 관심도 없거니와 관광해야 해서 '나중에'라고 했다. 관광하다 보니 세 시간이 훌쩍 지났다. 차로 돌아왔는데 세상에나! 그 아이가 나를 보더니 달려왔다. 나중에라는 말을 돌아와서 살게 로 알아들었는지 오기만을 기다렸나 보다. 모른 체 차에 올라탔는데 앉아 있는 차창으로 널 보여주며 간절한 눈빛으로 흔들어댔어.

그 순간, 너를 사야 할 명분을 생각했어. 불교 신자인 내 친구 숙이. 나는 출발하려는 버스에서 내려 20달러를 주고 너를 품에 안았다. '감사합니다. 꼬리아'라며 어설픈 말로 해맑게 웃는 얼굴을 보며 사길 잘했다는 생각이 들었다. 가방 꾸릴 때마다 부피가 커 투덜대며 적잖게 후회도 했지만.

그때만 해도 너의 존재를 알지 못했어. 요가나 명상 세계에서 꽤 유명한 싱잉볼이나 화사종이라 불리며, 명상할 때 사용하는 도구라는 것임을. '명상 주발'이라는 의미를 지니며 '노래하는 그릇'이라고도 하는데 재질이 동이나 플라스틱도 있었어. 보름달이 뜨는 날에만 수공예로 제작된다는 네팔 싱잉볼은 유독 소리가 아름다워 값이 비싸도 인기라 하는구나. 환한 달빛 사이 기도하는 마음으로 볼 만드는 모습을 상상해 보니 왠지 경건한 마음이 느껴진다.

볼을 해머로 치면 공명진동으로 소리가 울리면서 마음으로 깊게 젖어 들게 된다. 울림막대로 두드리거나 문질러서 소리 내는 티벳과 네팔의 전통 치유요법이 시초라 한다. 소리를 통해 뇌파가 안정되어 자연치유력으로 아픈 마음이 회복되기도 한다는, 행복을 주는 대단한 힘을 지닌 네가 새삼 경이롭게 보인다.

아들이 싱잉볼을 건드리니 맑고 은은한 소리 향이 집안으로 퍼진다.

"엄니 이걸로 수양 하는 겨? 여직 주인을 못 찾아갔나 봐."

수양은 무슨, 마음 바닥에 깔린 티끌 한 줌도 털어내지 못하는 것을. 좁쌀 마음이 들킬까 봐 짐짓 못 들은 척하는 뒤통수가 따갑다. 여행 보따리를 풀면서 아줌마 선물이라 했는데, 장식대에 둔 채로 먼지 닦아내는 번거로움만 삼 년째다. 건네지 못한 무거운 마음이 먼지가 되어 붙어있다고나 할까. 불심 깊은 친구에게 준다는 기쁨이 더 컸기에 무거워도 너를 포기할 수 없었다. 그날 친구가 왜 생각났는지 모를 일이다. 그건 마치 우정의 색이 더는 옅어지지 않으려는 마음, 스스럼없이 곰삭았던 우리의 모습이 은연중 내 안에 있었나 보다.

인도 부다가야 불교 성지에서도, 부처님이 깨달음을 얻었다는 보리수나무 아래서도 비움은커녕 눈만 멀뚱거리고 온 거다. 나이 먹어도 마음은 정처 없이 떠도는 구름 조각 같다. 먼 곳에서 들고 온 싱잉볼을 두고도 주춤거리는 못난 마음. 전화 한 통이 무에 그리 어렵다고, 그런 내가 아들 보기가 부끄러워진다.

무심히 여겼던 너를 자세히 보니 연한 구릿빛을 띠며 바깥 둥근 부분은 네팔어 문양으로 새겨져 있다. 볼 안에 정좌한 부처님 모습이 자비롭다. 옆에서 팔을 괴고 누워있는 한 형상의 미소에서 보이는 여유로운 표정은 무슨 의미일까. 삶을 잠시 내려놓고 쉬어가라는 뜻일까. 쫓기듯 살아오던 내 삶이 불현듯 스친다. 분수에 맞는 삶을 살아왔다 생각하지만 비우지 못한 욕망을 향해 허튼짓만 한 것은 아닌지 지난날을 곱씹게 하는구나. 너를 통해 남은 생이 조금은 가벼워졌으면.

해머로 살짝 치니 청아한 여운이 물수제비처럼 길게 뻗어나간다. 눈을 감으니 소리 품은 가맛바람이 나뭇가지를 흔들며 숲 위로 퍼진다. 진동의 조화로움에 몸이 동조되고 마음마저 유장하다. 중후한 울림이 내 마음소리가 되어 친구에게 전해졌으면.

옛살비

처음으로 내 집을 가진 어머니는 동도 트기 전에 밤새 감잎이 소복이 내린 마당부터 쓸었다. 셋방살이 설움을 지워내듯 구석구석 애정의 손길이 넘쳤다. 손맛 담긴 먹거리가 옹기종기 놓인 장독대 항아리를 날마다 어루만지고 닦던 기억들. 겨우내 가족들이 먹을 곶감을 매달아두던 뒤꼍까지 어머니 숨결과 흔적이 곳곳이 묻어있다.

우리 대문 앞은 작은 사거리 골목이다. 해가 서산에 걸칠 무렵이면 골목은 시장터가 된다. 나무담장 틈새로 삶의 소리가 들려오면 나는 대청마루에 누워 상상의 그림을 그린다. 커다란 함지박을 이고 두부 비지를 외치는 할머니의 딸랑이 소리, 어김없는 생선 아저씨의 우렁찬 목청, 일 끝나고 집으로 오는 순이 아버지의 흥얼거림, 우리 할아버지의 한잔 걸친 굴곡진 노랫가락도 들린다. 유년의 추억거리가 되어준 저물녘 정겨운 풍경이다.

이 집에서 아들과 딸 둘을 낳았고, 시부모님, 남편, 막내딸을 떠나보낸, 기쁨과 자줏빛 멍든 서러움까지 어머니의 역사가 담겨있다.

언제부터인가 흙담에서 흙이 한 줌씩 흘러내렸다. 낡고 늘어진 전깃줄에서 가끔 불이 번쩍였다. 어린 시절부터 14년을 살았던, 원래도 오래된 집이었지만 세월 따라 수명을 다한 것 같았다. 깨끗한 집으로 이사 가고 싶었지만 어머니는 이곳을 떠나고 싶어 하지 않아 집을 다시 짓기로 했다. 헌 집을 허물고, 장독대를 없애고, 먹거리를 주던 감나무도 베어내었다. 집을 완공하기까지 우여곡절을 겪었다. 가깝다고 여겼던 이웃이 소음을 트집 잡아 한 달 넘게 건축이 중지되었다. 여름 장마철까지 겹쳐 이중으로 건축비가 부담되었다. 어머니는 집을 지으면서 답답한 속내를 누구에게도 하소연할 곳 없어, 혼자 마음 졸이며 속으로만 삼켜야 했을 것이다.

내 로망이던 탁 트인 2층 보랏빛 전망은 건축비 때문에 세입자 몫이 되었다. 그 많던 장독도 이웃에게 나누어주고 몇 개만 옥상으로 올라갔다. 몇 년 후 결혼하고 나는 그 집을 떠났다.

썰물처럼 자식들이 빠져나간 자리에 덩그러니 남겨진 어머니는 점점 말이 없어졌다. 마당이 사라져 힘들게 빗질하지 않아도 되었지만, 행복해 보이지 않았다. 생활공간이 낯선 이층집은 어머니에게 맞지 않는 옷이었다. 사방이 막힌 공간에서 숨쉬기 힘들다 신음해도 아무도 이해하지 못했다. 금방이라도 숨이 막혀 질식당하는 듯 보여도 노환이라고 여겼다. 그 공허함이 점차 삶의 상실감으로 이어졌음에도 자식들마저 눈치채지 못했다. 자식을 헛 키운 느낌이 들었을지도 모른다.

사실 어머니는 아담한 단층집에 마당 있는 집을 원했지만 내가 고집을 피웠다. 어머니 말대로 했다면 감나무도 살아있을 것이고, 장독간도 빛이 났을 것이다. 민원으로 인한 이웃과의 불화도, 다른 세대와 사는 불편함을 느끼지 않아도 되었다. 어리석었던 내 아집과 무책임이 오래도록 앙금처럼 가슴에 내려앉았다.

감나무 집에서 이층집으로 18년 살았던 집을 결국 팔았다.

무엇이 어머니를 잡고 있었을까. 그곳을 또 떠나지 못하고 동네 끝자락 마당 넓은 한옥에 터를 잡았다. 앞집 담을 타고 담쟁이넝쿨이 앙증스럽게 어우러져 있다. 파릇이 움튼 잎

사귀를 바라보며 장독에 물을 끼얹는 어머니의 신명진 모습, 삶고 삶아 헤진 뽀얀 행주는 다시 세운 바지랑대 위에서 너울거렸다.

어머니의 꽃밭은 계절 따라 달라지고 향기도 다르다. 담벼락 아래는 채송화, 백일홍, 나팔꽃, 봉숭아가 저마다 꽃을 피운다. 작은 텃밭에는 상추. 부추. 호박, 오이, 가지, 방울토마토가 심어져 갑작스런 한 끼 밥도 너끈히 차려내었다. 어머니 곁에서 마음을 핥아주는 복실이, 야옹이 가족이 하나, 둘 늘어간다.

언제나 대문이 열려있는 동네 사랑방이 되었다. 때도 없이 들락거리는 아낙네들 수다가 담장을 넘기고 웃음소리는 어머니의 외로움을 달래주었다. 생기가 돌고 날마다 조금씩 여물면서 당신만의 공간에서 삶을 부지하는 방법을 터득해나갔다. 순연한 삶을 원하던 어머니의 소고, 갈무리를 위한 마지막 염원인지도 모른다.

어머니는 다시 뿌리를 내렸다. 춤사위가 펼쳐지고, 한 발을 내디딜 때마다 꽃들이 어우렁더우렁 피어났다. 어머니가 추는 춤은 빈 둥지를 지키며 살아내기 위한 스스로의 몸짓이었다. 생명을 가꾸고 수확을 경험하면서 위안과 보람으로 삶에 최선을 다하였다. 어머니의 마당은 이웃과의 소통이고 살아온 날의 그리움이었다. 뜨락에 기대어 햇살의 감미로움을 내 온몸으로 안을 때, 비로소 마당에 애착을 가지던 어머니 마음이 느껴졌다.

마당 넓은 집은 어머니를 숨 쉬게 하는 힘이고, 삶의 끈이며 마지막 옛살비다. 옛 고향보다는 왠지 이 말이 어머니에게 더 잘 어울린다.

옛살비, 그 아름다운 우리말.

3부

우연히 마주치는 행복

잊혀진 약속
나무에게도 그리움이 있다
똬리
루이스의 물빛
재첩국 한 모금
섶섬이 바라본다
봄날의 수다
첫사랑이었을까
나도 여자야

잊혀진 약속

겨울비가 대지를 촉촉이 적시던 게 엊그제 같은데 어느새 경칩이다. 두꺼운 옷은 깊숙이 밀어 넣고 얇은 옷은 가장자리로 내어놓는다. 철마다 자기 자리를 찾아드는 옷도 돌고 도는 인생의 한 면 같다.

쟁여두고 입지 않는 옷들을 끄집어내니 능히 한 보따리가 된다. 깨끗한 옷을 모아 헌 옷 수거함으로 들고 나갔다. 작은 수레에 폐지를 싣고 다니던 할머니가 골목에서 종이상자를 접고 있다. 힘에 부치는지 허리 펴기를 반복하며 가쁜 숨을 내쉰다.

'헌 옷 드릴까요' 말을 건넸다. 고물상에서는 무게를 달아서 값을 매기는데 옷이 돈이 된다고 한다. 입고 있는 윗도리가 얇아 보여 옷 몇 개를 꺼냈다. 하늘 가신 엄마의 새 옷이라 보관했던 거라며 자켓과 반코트, 톡톡한 티셔츠를 보여주니 맘에 들어 한다. 어머니와 체격이 비슷한 할머니께 자켓을 입혀드리고 돌아서는데

'젊은이 복 받을거요' 그 소리가 서늘하게 목덜미에 내려앉는다.

김 할머니도 같은 말을 했다. 사회복지사 자격취득을 위한 현장실습 갔을 때다. 기초 생활 수급자나 차상위 가정을 대상으로 몸이 불편한 분들의 가정방문 상담을 하루 1시간, 2주 방문으로 일정이 정해져 있었다.

상담자 세 분은 홀로 계시는 할머니인데 지도자와 방문한 첫날부터 난항을 겪었다. 반기는 기색이 별로 없다. 특히 김 할머니는 더 시큰둥하여 은근히 걱정되었다. 다음 날, 동네 입구에서 파는 군고구마 몇 개 사 들고 김 할머니 댁으로 갔다. 마침 요양보호사가 청소 생활 지원을 하고 있어 함께 고구마를 먹으면서 공감을 나누려고 애를 썼다. 할머니를 부축하여 마당 한 켠 의자에 앉히고 햇빛을 받게 했더니 환하게 웃는 표정이 전날보다 한층 밝다.

마음의 문이 열리니 봇물 터지듯 이야기가 술술 나온다. 남편 일찍 보내고 공부시킨 외아들은 결혼하여 미국서 사는데

몇 년을 못 보았다고 한다. 그리워하는 눈빛이 역력하다. 혼자서 많이 외로우셨겠다. 부모에게 자식은 기다림의 연속인 것을. 자식들은 그 마음을 알고 있으련지.

다른 집에 가야 하는데 할머니가 붙들고 자꾸 얘기를 시킨다. 말을 하고 싶어 한다. 대화를 나눌 수 있는 누군가 함께 있다는 것이 할머니에게는 더 큰 힘과 위안일듯하다. 내일 또 올거지? 외로움이 묻어있다. 물질의 결핍보다 마음의 결핍에서 오는 고통이 더 크다는 것이 느껴진다.

처음 냉랭하던 이유를 알았다. 몇 명의 실습생이 다녀간 모양이다. 살갑게 하다가 어느 순간 오지 않더라는 거다. 마음 줄 만하면 또 다른 실습생이 오고. 내쳐진 것 같은 반복적 서러움이 할머니에게 상처가 되었던 것 같다. 그나마 누가 나를 찾아주겠냐, 이젠 그러려니 한다는 말에서 소외에 대한 두려움이 고스란히 전해와 마음이 아리다. 나에게는 자격증을 위한 상담 대상이지만 할머니는 잠시라도 말벗이 되어주는, 한줄기 정에 목말랐을 것이다.

상담 종료하는 날, 어떻게 말을 해야 하나. 나 또한 마음을 헤집게 하는 것은 아닌지 여간 착잡한 게 아닌데 그 심정을 눈치라도 챈 듯이

"마지막 날이지, 이제 못 보겠네. 늙은이와 놀아주느라 고

마우이. 좋은 일 하니 젊은이 복 받을거요.”

할머니는 이미 알고 있었다. 2주가 되면 다시 오지 않는다는 것을.

잘 걷지도 못하는 다리를 끌며 대문까지 바래다준다. 주름진 손으로 내어놓는 사탕 두 알, 느닷없이 뭉클해져 얼른 골목을 빠져나왔다.

실습한 곳에서 이듬해 돌아가셨다는 얘길 들었다. 다시 오겠다는 지키지 못한 약속이 내내 꺼끄러기처럼 남아있다. 나는 그러지 말아야지 흉을 봤지만 다른 실습생과 다를 바 없었다. 왜 그랬을까, 내 마음을 들여다보니 사실은 할머니의 지독한 외로움과 마주할 자신이 없었던 것이다. 사람의 마음이란 것이 좋은 것만 보고 싶을 터인데 나 역시 평범한 사람이 아니었다면 할머니를 도와줄 수도 있었겠지. 내 어머니의 얼굴이 겹쳐지면서 할 수 있는 것은 쓸쓸한 노년을 안타깝게 바라볼 뿐이다.

외로움은 고통스럽다. 특히 인생 끄트머리에서 필연적으로 찾아와서 괴롭힘을 당하는 ‘나’ ‘우리’일 수 있다. 유명한 철학자이자 신학자 틸리히는 ‘혼자 있는 고통을 다른 말로 표현하면 외로움이고, 혼자서 즐기는 것을 고독’이라 했다. 외로움을 고독으로 잘 승화시켜 즐기며 산다는 게 말처럼 쉽기만 하겠는가. 그래도 스스로 의 존재를 인식하고 인생의 방향을 깨닫다 보면 노년의 삶이 그리 막막하고 아픈 건만은 아닐 것이다.

옷 보따리를 수레에 담아 밀고 가는 폐지 할머니의 가녀린 어깨 위로 잘 가라며 손짓하던 김 할머니의 눈빛이 선하다.

한 번이라도 찾아뵐 것을, 그걸 못했다니…. 마른 잎 하나 가슴에 내려앉는다.

나무에게도 그리움이 있다.

동네에서는 우리 집을 감나무 집이라 불렀다.

나는 감나무 집 큰딸 '새침이'다. 어려서부터 새침한 데가 많고, 밥도 잘 안 먹어 빼빼 말라서 붙여진 별명이다. 장독간 옆에는 세월을 가름할 수 없는 아름드리 감나무가 듬직하다. 한 집 건너 감나무가 있는 시골집과는 달리 도심에 있는 가정집에는 흔치 않은 일이다. 가을이면 주홍빛으로 물든 감은 탄성을 자아내게 한다.

감나무는 가족 모두에게 기쁨이었고, 특히 나에게는 문학의 바탕이 되는 서정적인 감성을 키워주었다. 어쩌다 어머니에게 혼꾸멍나는 날이면 감나무 넓은 등줄기는 나만의 은신처이다. 서럽게 우는 나를 감싸 안고는 자존감을 채워주고 투정까지 받아주던 마음의 수호신이었다.

감꽃이 필 때면 하늘은 온통 노랗게 물들고 방문 사이로 어른대는 노란빛에 취해 밤잠을 설친다. 살짝 접힌 꽃 끝에 혀를 내밀면 꽃물이 달콤하다. 감꽃을 실타래로 엮어 만든 목걸이는 친구들의 부러움이다. 무성한 잎은 따가운 햇볕을 가려주고 재잘대는 새와 매미의 놀이터가 된다.

앙증맞은 감꽃을 정성껏 피워낸 후, 가을이면 풍성한 열매의 수확을 자랑한다. 바라만 보아도 등 따습고 풍요롭다. 감 따는 날은 우리 집 연례 행사이다. 일이 힘들긴 해도 온 가족이 웃음꽃을 날리며 풍작의 결실과 기쁨을 나누는 축제다.

튼실해 보여도 감나무는 생각보다 약하다. 나무에 오르다 가지가 부러져 다치기 쉬우므로 여간 조심하지 않으면 안 된다. 어머니는 긴 대나무 장대 끝부분을 반으로 쪼개어 틈을 낸 감 작대기를 만들었다. 쪼갠 틈 사이로 가지를 끼워 돌려주면 감을 조금 쉽게 따는 지혜로움이 있다. 수확을 끝내고 가지치기를 해주면 이듬해는 한층 성숙한 모습으로 태어나 더 많은 양의 감을 생산한다.

감나무 그늘 같은 존재인 아버지가 돌아가시자, 감 따는 일은 모두 어머니의 몫이 되었다. 삼일을 꼬박 따는 고된 작업에 매번 영락없이 심한 몸살을 앓았다. 내가 할 수 있는 일은 떨어진 감을 주어 바구니에 담을 뿐이다. 감나무를 보듬어 주던 어머니 모습이 생생하게 내 머릿속에 저장되어 있다. 그것을 바라보던 어머니의 애틋한 눈빛에서 아버지에 대한 깊은 그리움이 느껴졌다. 혼자서 얼마나 외로우셨을까. 감나무를 바라보며 어머니는 자신의 힘든 마음을 건네었는지도 모른다. 가끔 어린 다섯 명의 자식을 보며 깊은 한숨이 나올 때마다 감나무는 나에게 했듯이 어머니의 마음을 쓰다듬거나 어루만져주었을 것만 같다.

이웃에게 감 나눔을 하면 한마디씩 한다.

"너거 집은 무신 복이 그리 많노. 새침이가 부럽데이."

덕담인지 시기인지, 먹거리가 귀한 시절 복 많은 건 확실하다.

잘게 썰어 말린 감말랭이는 쫄깃하여 씹히는 식감은 최고의 간식거리다. 깨지거나 못생긴 감은 감식초가 되어 나물무침에 새큼한 감칠맛으로 입맛을 돋운다. 천연염색이 되어 갈색 치마로 곱게 물들이며, 살짝 찐 감잎을 말린 후 우려낸 향긋한 차는 마음의 안정감을 준다. 항아리 속 단감, 살짝 얼음이 도는 홍시 맛은 또 어떤가. 오남매의 수다는 다락에 둔 곶감을 몰래 꺼내 먹고서야 이불 속으로 들어간다. 감나무가 주는 먹거리로 겨울밤의 추억은 따사롭고 안락했다.

감 한 알이라도 더 챙기던 어머니는 높은 가지에 달린 감은 새들의 먹이로 남겨두었다. 어느 때는 동네 새가 다 모여 들어 감 파먹는 소리로 귀가 괴롭다. 가지를 흔들어 날려 보내면 어머니는 말렸다. 자연이 주는 것이므로 서로 나누어 먹어야 한다며. 외국인이 우리나라 여행에서 감명받은 것 중 하나가 까치밥이다. 나눔의 슬기로움과 정이 담긴 풍경이 훈훈하게 다가왔나 보다. 요즘은 사람들의 먹거리가 넘쳐나서 어디서나 까치밥이 풍성하다.

고향을 꿈꿀 때면 감나무가 어릿어릿 보인다. 우리와 함께 한 삶의 시간 속에서 자기를 온전히 내어준 감나무는 어머니의 마음과 닮아있다. 사는 동안 자신의 마음 안에 기댈 수 있는 나무 하나가 있다는 것은 큰 위로이고 힘이다.

노란 감꽃이 난분분하게 내릴 때면 고향 집 감나무에게 달려간다. 새로 집을 지으면서 베어졌지만, 나에게는 그 자리만으로도 그의 존재가 느껴진다. 사라졌다고 내 마음에서 사라진 것은 아니다. 그리움은 사람 사이에만 있는 것이 아니라 감나무 에게도 있다.

똬리

옷 정리를 하려고 장롱문을 여는데 무언가 툭 떨어진다. 옷걸이 사이에 매달아두었던 여름내 닳아 쪼그라든 나프탈렌이다. 좀 벌레들이 옷을 갉아 먹지 않도록 서랍마다 넣어두면 콤콤한 냄새를 풍긴다. 그 향에 섞여 마음 졸이고 살았던 지난 시간 때문인지 나에게는 그리 고약스럽지 않다.

나프탈렌에는 가슴 시린 기억이 있다. 중학교 2학년 때다. 어수선한 분위기에 무언가 심상치 않은 일이 예감되었다. 한숨만 내 쉬는 할아버지의 굳은 얼굴, 대청마루 끄트머리에 몸을 웅크린 채 눈물만 뚝뚝 지우고 있는 어머니 얼굴은 그야말로 잿빛이다. 동생들은 겁에 질려 숨죽인 채 방문 틈새로 눈만 빠꼼이 내밀며 껌벅거린다.

아버지 돌아가신 후 식당 나가던 어머니는 어느 날부터 고기가 담긴 큰 고무 대야를 이고 왔다. 주방 일을 그만두고 소 도축장에서 고기, 우량, 간을 사서 식당으로 납품을 한 것이다. 어머니 머리 위는 늘 똬리가 얹어있었다. 무거운 대야를 이고 다닐 때 짚이나 천을 감아 만든 똬리는 머리를 보호하고 힘을 받쳐주었다. 어머니의 똬리만 보면 왠지 슬프면서도 불안한 기운이 느껴졌다.

어머니 거래처 중에 식당 다닐 때 알았던 곰살맞은 여자가 있었다. 그 여자는 버스 터미널 기사식당을 운영했다. 같은 처지에 의지하자며 새 거래처를 알아봐 주며 살갑게 굴었다. 말 없고 곱살스러운 어머니에 비해 옷차림이 화려하고 손님과의 대화도 걸걸했다. 어머니와 모양새가 전혀 다름에도 불구하고 언니 동생하고 지낸 건 과부라는 동질감과 외로움 때문이지 싶다.

교통사고로 돌아가신 아버지 보상금으로 할아버지는 집을 샀다. 그 집은 터가 아주 넓었다. 한옥 살림집과 뒤편에 있는 큰 가내 공장은 갈 때마다 사람들이 실타래를 돌리고 있었다. 그 집을 어머니 앞으로 등기하였다. 마음을 주다 보니 속내를 다 말했던 게 잘못이다. 돈이 급해서 그러는데 담보 물건이 없다. 몇 개월만 도와주면 해결된다며 줄기차게 어머니를 괴롭혔다. 정이 깊고 여린 마음을 꼬드겨 집을 저당 잡히고 사채를 빌렸다. 살림만 하여 서류에 무지한 어머니는 할아버지께 상의도 없이 집문서를 넘긴 큰 잘못을 저질렀다.

결국, 상환 일에 돈을 변제 못 할 시 집을 넘겨 가겠다는 통지가 왔다. 일이 터진 후 할아버지가 수습하려고 알아보았더니 놀랍게도 그 여자가 사채업자와 짜고 사기를 친 것이다. 식당도 문을 닫아 연락할 길이 없었다. 상환 날 맞추어 악질 사채업자도 자취를 감추었다. 지금은 미리 공탁이라도 하지만 짜놓은 그물에 꼼짝없이 걸려들었다. 속이려고 작정한 사람에게는 당할 재간이 없다. 아버지 목숨값인 그 집은 끝내 손 한번 써 보지 못하고 멀뚱히 날려 보냈다.

어머니는 충격으로 일주일간 식음을 전폐하고 고열에 시달렸다. 남편 목숨과 바꾼 집이 아닌가. 그 집은 육 남매를 키우는 든든한 버팀목이고 희망이었다. 당신 잘못으로 하룻밤새 남의 손에 넘어갔으니 목으로 밥알이 넘어갈 리가 만무하다. 말간 장독대는 더이상 반질거리지 않았다. 유복자 막내를 부둥켜안고 중얼거리거나, 캄캄한 밤 뜨락에서 숨 숙여 흐느끼는 모습에 등허리가 서늘해졌다. 저러다가 혹여 잘못되면 어쩌나. 달빛에 묻혀 소리 없이 사라지는 건 아닐까. 집에 와서 어머니가 보이지 않으면 내 마음은 덜컹거리고 검게 타들어 갔다.

두 계절을 멍하니 보내던 어머니는 어느 날 옆집 아주머니 나프탈렌 장사에 따라나섰다. 할아버지는 말리지 않았다. 마음에 맺힌 응어리를 훌훌 날려 보내고 전처럼 단단하고 건강한 며느리로 돌아오기를 바라는 배려심이었다. 할아버지는 이후에도 그 일을 거론한 적이 없다. 외아들을 보내고 며느리마저 잃지 않으려는 그 심정이 얼마나 절실했을까. 후일, 아파트로 우뚝 솟은 그 집은 오랫동안 내 가슴에 박힌 모난 돌이었다.

나프탈렌 향에서 병충해를 이겨나가는 강한 힘을 배웠을까. 머리에 이고 산골 구석구석을 누볐던 2년 세월, 돌아올 적마다 어머니 슬픔은 조금씩 엷어졌다. 믿었던 사람에게 배신당한 상처는 평생 지워지지 않을지도 모른다. 옷장 속의 나프탈렌을 볼 때마다 오로지 자식만 생각하며 온 힘을 다해 아픔을 극복해 나갔을 어머니의 심정이 느껴진다.

진한 그 냄새가 감나무에 달렸던 감꽃 향처럼 느껴질 때쯤 어머니 눈물은 치유된 듯 보였다. 이후 다시는 나프탈렌을 머리에 이지 않았으며, 늘 내 마음의 짐이었던 똬리도 사라졌다.

루이스의 물빛

루이스 앞에 서는 순간 가슴이 먹먹했다.

통나무에 걸터앉아 한참을 넋 놓고 앉아 있었다. 눈 덮인 산과 하늘로 곧게 뻗은 울창한 침엽수림, 자연의 보석 같은 정경을 보는 순간 마음이 녹아내린다. 맑고 영롱한 빛에 따라 변화하는 물빛, 에메랄드가 물속에 담긴 듯 빛나는 색채, 지상에서 이토록 아름다운 물빛이 존재하였든가.

호수의 물빛에 몸이 물 들리는 것 같은 짜릿한 그 순간, 루이스와 사랑에 빠져들었다. 바람 한 점 없는 투명한 물결은 잔잔하고 고요하다. 바라보는 눈빛 따라 물빛도 달라진다. 아직 내 마음에 아름다움을 느낄 수 있는 눈과 가슴의 떨림이 있다는 것이 얼마나 다행인가. 손끝을 물에 담그니 계절과 달리 그리 차갑지 않다. 루이스는 단순한 여행지가 아니라 자연의 웅장함이 주는 고산의 매력이 충분하다. 그래서 탐험가나 자연 애호가에게 고요한 평온을 느끼게 한다.

웅장하고 평화로운 대자연 앞에 내가 바라보며 서 있는 이유는 문득, 내 삶에 좀 더 겸손해지자 그런 마음은 아니었는지…. 특별한 경험이다.

앨버타주 밴프국립공원인 로키산맥에는 자연과 조화를 이룬 호수들이 많다. 로키의 아름다움은 호수의 물빛이다. 빙하가 녹아내리는 입자가 햇볕에 반사하면서 환상적인 물빛을 만든다. 그중 대표적인 호수가 루이스 레이크 이다. 4월이지만 수림 안쪽에 있는 몇몇 유명호수는 눈과 얼음으로 덮혀있어 개방이 불가하다. 다행히 루이스 호수는 가능했다.

빙산이 녹아 호수가 형성된 루이스는 전 세계 10대 절경의 하나로 손꼽힌다. 오래전 이곳 캐나다 원주민들은 '작은 물고기들의 호수'라고 불렀다. 영국이 캐나다를 지배하면서 주변 호수나 관광지명이 영국 왕실 가족 이름으로 변경되어갔다. 이곳도 처음에는 에메랄드 호수라 하다가 빅토리아 여왕의 딸 루이스방문으로 공주의 이름으로 부르게 되었다. 원주민에게는 슬픈 역사를 지닌 호수이기도 하다. 그들의 한이 녹아들어 유난히 물이 에메랄드빛으로 승화된 건지도 모를 일이다.

아침 풍경이 더 감미로운 호수, 현지인도 선호하는 신혼여행지로 유명하다. 역사가 깊은 '샤또 레이크 루이스' 호텔 라운지에서 따끈한 홍차 한잔 음미하는데 창밖으로 에메랄드의 반짝거림이 신기루처럼 온몸으로 감겨 온다. 일정만 아니면 며칠 머물고 싶은 강렬한 이끌림이 느껴졌다.

모든 호수가 개방된 6월 말, 루이스 호수가 보고 싶어 로키산맥으로 다시 달려갔다. 서울서 온 젊은 부부, 딸, 나, 중년의 여인 이렇게 한팀이 되어 가이드의 미니버스를 타고 두 번째 로키 관광길에 올랐다. 밴쿠버를 출발해 랍슨 마운틴을 지나 자스퍼를 거쳐 외각 아이스필드 파크웨이를 따라 달렸다. 레이크 루이스와 주변에 있는 몇 곳의 호수를 본 뒤 로키산맥에 올라 밴프 캘거리를 둘러보고 켈로나를 통해 밴쿠버로 돌아오는 5일 여정이다.

루이스와 재회, 이 설레임의 순간을 위해서 먼 길을 왔다.

여전히 가슴 떨리고 나의 눈을 사로잡는다. 고고함을 간직한 채 내 마음을 어루만져준다. 물빛은 변함이 없지만 나의 시선이 달라진다. 약간의 눈을 머금던 4월과 달리 나신을 뽐내는 물빛이 더 짙고 선명하다. 짧은 시간에도 루이스의 변신에 내 느낌도 달리 느껴진다. 떨림은 내 삶에 울림을 주고 생명의 활기를 준다. 내 생애 이렇게 자연과 설레던 적이 있었든가.

로키의 도시 밴프와 자스퍼 시가지는 사방 어딜 봐도 한 폭의 아름다운 그림이다. 유럽 중세기 성(城)처럼 지어진 '밴프스프링스호텔' 푸른 지붕의 묘한 어울림, 숙박한 핫 스프링호텔의 뜨거운 야외온천에 몸을 담갔다. 하얀 속살을 드러내고 있는 설산과 마주하니 몸이 사르르 녹아든다. 하루의 피곤함을 풀어내며 행복을 만끽하는 이 시간, 유토피아가 별건가.

대빙원과 빙하, 만년설의 환상적인 풍경, 장엄한 아우라에 연이은 감탄을 쏟아낸다. 밴프국립공원에서 만난 앙증맞은 작은 회색곰과 뿔을 비벼대며 장난하는 엘크, 야생동물의 자유로움에 흠뻑 빠진다. 가끔 제한받는 내 삶이 버거울 때 뇌리에 남아있는 그들의 맑은 눈망울에서 자유를 꿈꾸어본다.

유명 피아노곡 '레이크 루이스'는 유키 구라모토가 바로 이 호수를 보고 감명받아 만든 곡이다. 곡의 음률이 물빛이 존재하는 그곳으로 나를 데려다 놓으면 지상에도 없는 하나의 꽃으로 피어난다.

오랜 세월이 지나 루이스를 다시 보게 될 때 나의 마음은 어떻게 되어 있을까. 나는 나이 들어가지만 '큰 루카스 크라나흐'의 영원한 '젊음의 샘'처럼, '젊음의 여신 헤베'처럼 물빛의 아름다움은 변하지 않으리라.

언젠가는 다시 갈 수 있겠지. 만남의 떨림을 기억하는 동안은….

재첩국 한 모금

매화꽃이 피면 섬진강물도 쉬어간다는 광양 매화마을에 왔다. 만발한 꽃향기가 온마을에 그득하다. 마을 길을 걷다가 잔잔히 흐르는 섬진강이 내려다보이는 곳에서 고장의 별미인 재첩국을 시켰다. 고향 맛이 뭉클거린다. 재첩국 한 수저를 떠다가 유독 맏딸에게 다정다감하던 아버지의 생전 모습이 떠오른다.

아버지는 일본서 자라나 해방 후 할아버지, 할머니를 따라 우리나라에 왔다. 한국말이 서툴러 한동안 의사소통이 힘든 결혼생활을 했다. 경상도 특유의 맵고 짠 음식들이 거북하여 아버지는 먹거리로 고생을 하였고, 까다로운 입맛을 맞추느라 끼니때마다 어머니의 맘고생이 심했다. 여러모로 고달픈 삶을 살아온 어머니의 시집살이 노고가 헤아려진다.

"너거 아부지는 일본사람 맹키로 맹맹한 걸 드셔서 입맛 맞추기가 힘들었데이."

아버지는 맵지 않고 칼칼한 재첩국을 유독 좋아했다.

재첩을 대구에서는 조개라고 부르는데 어머니 따라 시장에 가면 재첩이 흔했다. 손톱만 한 반질거리는 조개를 멍석에 수북이 쌓아놓고 양재기 크기 별로 담아 사라고 외치던 기억이 난다. 지금은 별미인 재첩국이 그때는 서민들이 흔하게 먹던 한 끼 음식이다. 이젠 귀한 토산품으로 식당 어디서나 재첩국을 만날 수 없다.

재첩과 소금만 넣고 말갛게 끓인 후 잘게 다진 고추와 정구지(부추)를 듬뿍 넣어 살짝 익힌다. 살이 통통 오른 재첩을 씹으면 고소하고 쫄깃하며, 국물 맛은 정구지와 어우러져 향긋하고 깔끔하고 시원하다. 어머니는 재첩국 국시를 자주 해주었다. 누런 밀가루를 반죽하여 홍두깨로 얇게 민 후 둘둘 말아 썰어서 재첩국 안에 넣고, 감자, 호박을 숭덩숭덩 넣는다. 그 맛 또한 담백한 게 질리지 않는 누렁 국시가 된다.

국시 한 젓가락 입에 넣고 매콤한 풋고추를 생 된장에 찍어 한입 베어 물때 그 아삭거리는 소리. 아버지는 목덜미에 흐르는 땀을 손으로 쓱 문지르곤 시원하다며 양푼이 체 국물을 들이켰다. 뜨거운 국이 왜 시원한지 알 수 없던 어린 날, 아버지 빈자리에 눈시울이 뜨거워지던 유일한 맛이다.

중학교 입학을 앞두고 영어학원에 등록해주었다. 학원을 오가면서 간식도 챙겨주고 무얼 배웠냐고, 여자도 배워야 한다며 교육열까지 높은 자상한 아버지다. 살아계셨다면 나를 전문인으로 키우지 않았을까 싶다.

영어 소문자를 익힐 무렵 새벽 출근길, 횡단보도를 무시하고 달리던 대학병원 앰블란스에 의해 그 자리서 돌아가셨다. 아버지의 죽음은 내 사춘기를 우울하게 했고 일상은 행복하지 않았다. 학원 앞에서 빵을 들고 기다리는 아버지 환영에 시달렸다. 컴컴하고 칙칙하던 지하실, 철로 된 긴 상자를 당기니 얼굴이 백지장이 되어 누워있던 아버지, 아직도 잊히지도 지워지지도 않는 마지막 모습이다.

대학병원에서 내가 간호대를 나오면 취업과 장래를 보장해준다고 제의했다. 나는 병원만 가면 구토하고, 앰블란스 경적 소리만 들어도 몸에 소름이 돋았다. 결국 그 일이 트라우마로 남아 아깝게 제의를 포기해야만 했다. 인연인지 악연인지, 아버지가 떠나간 병원에서 막내 미야도 보냈다. 그 병원과는 아프고 질긴 연이다.

반듯하고 정직한 삶을 살 것을 가르쳐 주던 바위 같던 아부지. 그 정겨운 호칭은 내 곁에서 영원히 사라졌다. 작달막한 키에 야무진 체구로 의복도 항상 정갈했다. 방 한 벽을 레코드판으로 채울 만큼 음악애호가인 정적인 마음을 가진 분이다. 그때를 기억하면 명치가 턱턱 눌리듯 아릿하다.

무릎까지 쌓인 눈 위를 걷던 중학교 입학식 날, 옆에 있던 친구 아버지를 보니 애써 눌러둔 그리움을 참을 길 없어 고개를 떨구었다. 한창 예민하던 시절, 아버지 얘기만 나오면 괜스레 움츠려져 먼 하늘만 올려다보았다. 왜 일찍 떠났냐며 철없이 원망도 많이 했다.

아버지가 떠난 그 날은 엄청난 폭설이 내렸고, 녹지 못한 한기로 그해 겨울은 유난히 길었다. 우리 곁에 조금이라도 머물고 싶었던 한 가닥 간절함을 눈은 알고 있었던가. 겨울이 되면 늘 흰 눈처럼 포근하게 내리는 아버지. 내 마음에, 내가 살아가는 온 세상에, 내가 살아갈 발걸음마다….

재첩국이 오늘따라 뜨거워 빨리 넘어가질 않는다. 아니 뜨거워서가 아니라 목울대가 뻐근해져서이다.

섶섬이 바라본다

이중섭의 시 〈소의 말〉에서 '삶은 외롭고 서글프고 그리운 것'이라 했다. 자기 몸 하나 뉠 집이 없어 떠돌아다니며 빈곤한 생활로 일생이 고통스러웠던 남자, 시어처럼 되어버린 그의 삶, 그에게 진정으로 필요하고 간절했던 것이 무엇일까 하는 생각들로 머리에 가득 찼다.

한국 근대미술의 대표적 화가로서 그림이 자기 삶의 전부였지만 늘 무거움을 안고 살아야만 했던 비운의 예술가.

그의 그림에는 유독 '끈'이 많다. 〈아이들과 끈〉을 보면 벌거벗은 몸이 끈으로 감겨 있다. 〈여인과 게〉, 〈물고기와 게와 아이들〉 에서도 가족과 아이들은 굵고 가는 여러 형태의 끈들로 둘러 있는 특이함이 보인다. 끈은 연결을 의미한다. 그림에서나마 가족과 연이 끊어지지 않기를 바라는 절실함이었을까. 어쩌면 끈은 이들에게 살아 움직이게 하는 원동력이고 기다림의 희망 고리였을지도 모른다. 그는 가슴 속 상처를, 그리움을 끈으로 표현했을 것이다. 서로를 끈으로 감고 있는 그림을 보면서 감정이 먹먹해져 그 자리에서 한동안 멈추어 섰다.

죽기 전에 그렸다는 〈길 떠나는 가족〉에서 수레에 아내와 아이들이 타고 있고 황소를 모는 사람은 이중섭인 듯하다. 평화로운 곳으로 떠나는 행복한 모습이다. 죽음을 앞두고 더는 그리워하지 않아도 되는, 아내와 아이들을 얼마나 사랑했는지 선명히 느껴진다. 생이 끝난 후, 그제야 그토록 갈구하던 가족 옆에서 영원한 안식을 취하고 있을지도 모른다는 생각이 들자 숙연해진다.

그의 가족은 별다른 생계 수단이 없었다. 피난민에게 주는 약간의 배급과 종교단체의 지원을 받으며, 게와 한라산에서 뜯은 부추로 삶을 이어갔다. 장인의 부고로 일본인 아내와 두 아들이 일본으로 돌아갔다. 무엇이 그를 쓸쓸한 죽음으로 가게 했을까. 경제적 어려움과 고독감에 벗어나기 위해 작품에만 몰두하여 건강을 해쳤다는 말이 있다. 단지 외로움을 견디기 위해 그림에 집착했을까. 혼자 곤궁한 삶을 살다가 급기야는 정신이상 증세와 영양실조로 결국 불우하게 39세로 생을 마감했다.

절박한 조건과 환경에도 숱한 그림을 그렸던 그의 의지와 재능은 뛰어났다. 그럼에도 한 가정의 무능한 가장이라는 질타에서 벗어나지 못한다. 자기를 바라보는 세상의 비난에서 서글픔이 어찌 없었겠는가. 그가 그린 여러 형태의 〈황소〉 그림은 색채가 강해 눈이 부시다. 금방이라도 튀어나올 기개, 압도당할 강렬한 눈빛에 빠져들게 한다. 어쩌면 자신의 연약함을 황소를 통해 나타내고 싶었던 것은 아닐까. 주변을 압도하고, 승리를 원했던 그의 자화상이었으리라.

유독 '게' 그림이 많은 것도 허기를 채우기 위해 두 아들과 숱하게 잡아먹었던 게에 대한 미안함 때문이란다. 웃어넘기기엔 현실의 무게가 씁쓸하다. 예술도 배고픔은 견딜 수 없었을 삶의 비애가 마음 정적을 깊어지게 한다.

이중섭, 그는 그림을 그리면서 인생의 무엇을 보았을까. 불운한 천재 예술가의 아픈 영혼, 인간 내면에 대한 고통의 깊이를 내가 어찌 알겠는가, 단지 그림 속에 채색되어진 그의 간절함, 열망이 짙고 긴 여운으로 남을 뿐이다. 내 안의 어지러운 마음을 닫고 이중섭 미술관을 돌아섰다.

바람 한 줄기가 나를 스쳐 그림처럼 고요한 섶섬으로 다가간다. 그가 유달리 좋아하던 섶섬이 물끄러미 나를 바라본다. 무언가 말을 하려는 듯.

봄날의 수다

건강 보존은 자신에 대한 의무이고 책임이란 말이 있다. 며칠 전부터 왼쪽 눈이 시큰거려 아침 일찍 병원 길에 나선다. TV에서 눈동자를 위, 아래 대각선으로 굴리는 운동법을 보여주기에 열일 따라 했더니 사달이 난 모양이다. 과유불급이라 하던가. 눈동자를 과도하게 굴려 염증이 생겼다는 거다.

거기다 손가락 마디 뜨끔뜨끔 통증은 노환이란다. 나이 드니 눈뜨면 병원 가는 일이 일과라던 윗집 아주머니 말을 수긍하기에는 아직은 왠지 서럽다. 건강이 삶을 지켜주는 지렛대인 것을, 쉼 없이 바퀴만 돌려댔으니 몸인들 성할까. 젊은 기운일 때 열정만 앞세운 만용의 대가일지도. 세월 따라 발생하는 잔병이겠지만 건강을 챙기지 못한 탓도 있겠다.

병원 진료를 끝내고 나니 10시 반, 이른 시간이다. 이왕 나온 김에 운동도 할 겸 여의도 생태 숲길로 향한다. 집 가까이에 품어주는 휴식공간이 있어 다행이다. 주변에 좋은 환경이 있다는 것은 감사한 일이다. 따사로운 햇살이 온몸을 에워싸고 잎사귀가 바람에 나붓거린다. 자연에 흠뻑 취해 오솔길에 들어서니 우울하던 기분이 눈 녹듯 사라진다.

귀를 여니 모든 소리가 숲으로 모여든다. 이름 모를 풀에서도, 연두 잎 움트는 나무에서도, 출렁대는 강물에서도, 자연의 기품이 우러난다. 하얀 꽃가루가 눈처럼 휘날린다. 새들의 합창 소리에 슬며시 활기가 솟는다. 지난주 내리던 봄비로 더러 벚꽃은 떨어졌지만 빨간, 분홍 철쭉이 그 자리를 대신하여 꽃망울을 터트리고 있다.

늪에서 노닐던 왜가리 떼가 휘적휘적 물가를 걸어 다니며 물고기를 잡아 올린다. 사냥을 하는지 물 위로 치솟으며 철썩 소리를 낸다. 물소리가 첨벙거릴 때는 제법 큰 고기도 보인다. 물줄기 옆으로 자그마한 새들이 부리로 뭔가를 쪼아 먹는다. 모이를 물어 다 주는 어미 새의 모정이 정겹다. 다람쥐 한 마리가 쪼르르 내려오다가 내가 볼세라 쏜살같이 나무에 오른다.

나무가 바람에 꺾인 채로 누워있다. 늪 위로 마른 나뭇가지와 떨어진 잎들이 널브러져 그대로 있는 것도 자연의 이치를 수용하는 것 같아 좋아 보인다. 다만 자연 일부가 되지 못하는 플라스틱이 여기저기 뒹굴고 있는 게 안타까워 한쪽으로 모아본다.

생태 숲길에 만들어진 나무다리를 따라 걷노라면 꾸불꾸불 재밌고 정취 있다. 다리 위에서 비둘기 두 마리가 사랑을 나누다 내 발걸음의 인기척에 놀랐는지 후다닥 날아오른다. 못내 아쉬운 듯 허공을 맴돌며 끼룩대는 모양새가 눈치 없는 나를 힐책하는 듯하다. 그들의 사랑 놀음에 불쑥 끼어든 게 미안해 얼른 자리를 피해준다.

조금 더 걸어 들어가니 물이 제법 깊다. 맞은편에서 고니 한 마리가 한발을 들고 결 고운 햇살을 즐기고 있다. 그 자세가 학처럼 고고하다. 미동이 없기에 가까이서 볼 요량으로 조심스레 다가가 본다. 또 한 마리가 날아오더니 물 위를 유유히 헤엄치고 있다. 사람 냄새를 맡았음이런가. 움직임이 없던 고니가 활갯짓한다. 정겹게 짝을 지어 날아가는 걸 보니 혼자인 채 멍하니 서 있는 내가 초라해져 멋쩍어진다.

숲길을 나와 한강으로 나오니 봄볕이 제법 따갑다. 쌓아둔 돌 더미 위로 낚시꾼들이 몰려있다. 뚫어지게 낚싯대를 바라보는 강태공이 되어 세월을 낚으시나. 삶의 답답함을 한강에 나와 속내를 풀고 있는 건가. 걸렸다! 들뜬 소리에 고개를 돌려보니 작은 피라미라고 투덜대며 놓아준다. 언젠가 낚시는 손맛이라며 한강 하류에서 잡은 긴 장어를 자랑하던 지인, 요리는 했을지 갑자기 궁금하다.

강 건너편 즐비하게 서 있는 회색 아파트가 물결 따라 일렁인다. 하룻밤 사이 몇천 단위로 올라가는 몸값의 위용을 뽐내며 회심의 미소를 짓고 있다.

애면글면 버티던 지난날이 선웃음 짓게 하지만 지금보다 더 나을 거라는 그 한 가닥 끈을 지니고 살아가는 것이 우리네 삶이다. 미래는 그 누구도 알 수 없는 일이 아닌가.

허기가 돈다. 금강산도 식후경이라 발길을 돌리는데 더 놀자며 새들이 유혹하고 바람도 슬몃슬몃 목덜미를 간질인다. 오늘따라 봄날의 수다에 맘이 설렌다.

세렌디피티(serendipity)! 우연히 마주친 이 소소함, 행복이 별건가 … .

첫사랑이었을까

1997년 작품인 〈접속〉 영화를 한다. 수신기인 삐삐가 대중적인 시절이다. 남과 여, 주인공은 컴퓨터 채팅으로 대화를 나누다가 첫 만남을 약속한다. 약속 장소 가까이 있어도 삐삐조차 없는 그들은 서로를 알아볼 방도가 없다. 마음 졸이며 서성이다가 어떤 묘한 느낌으로 서로 만나게 된다. 불현듯 오랜 기억 속, 그 장면이 재현되듯 뇌리를 스친다.

개똥만 굴러가도 까르르대던 중학교 2학년 때다. 유일하게 소년기를 소통하던 곳이 학생 잡지이다. 잡지를 보면서 숨을 틔우고 사춘기의 즐거움을 느꼈다. 우연히 펜팔 난에 사진이 올려져 있는 고1 남학생을 보았다. 우리는 펜팔 친구가 되어 어설프게 인생을 토론하고 문학을 나누었다. 〈젊은 베르테르의 슬픔〉에 심취하고, 푸시킨의 '삶이 우리를 속일지라도 슬퍼하거나…'를 읊었다. 글쓰기를 좋아하는 나와 그의 글이 통하여 주고받은 이야기가 서랍 가득했다.

고등학교 1학년 겨울방학, 처음 만나기로 한 날 설렘으로 잠을 설쳤다. 빳빳이 다린 하얀 칼라 교복을 입고 30분이나 일찍 나갔다. 4시간 정도 거리인 그의 집은 C시 나는 대구이다. 한눈에 알아차렸다. 체격도 준수하고 얼굴이 하얗고 눈은 왕방울만 하고 쌍꺼풀이 졌다. 단정하게 교복 입은 모습이 사진보다 더 괜찮아 보여 가슴이 두근두근 콩닥거렸다.

그다음이 문제였다. 내 사진을 보내지 않았기에 그는 내 얼굴을 모르는 게 당연하다. 그런데도 왜 알아볼 거라는 생각을 했을까. 긴 시간 글을 주고 받았으니 느낌이란 게 있을 줄 알았다. 쑥스러워 거리를 두고 서 있는 나를 그는 힐끗 보기만 할 뿐이다. 다가와 말 좀 해봐요, 애가 탔다.

그 겨울은 유독 추웠다. 한 시간이 지나도록 둘 다 오들오들 떨었다. 얼굴은 빨개지고 세찬 바람에 손도 발도 어는듯하다. 그가 역내 개찰구로 돌아가는 순간 힘이 빠지고 두 눈에 눈물이 맺혔다. 이틀을 끙끙 앓았다. 꿈꾸던 이성과의 첫 만남이 맥없이 무너졌다. 감정의 경험은 미숙하고 사랑의 의미보다는 호기심이 가득한 시기였다. 무어라 형용할 수 없는 마음 산 하나가 우르르 내려앉았다.

편지가 왔다. 느낌은 나 같은데 실수할까 봐 말 걸기 어려웠다고.

나도 멍청이지만 그의 융통성 없는 답답함에 숨이 막혀왔다. 그 일은 나에게 큰 충격이었으며, 마음이 멈추어 선 듯 틈이 느껴졌다. 답이 없어도 여전히 그는 의무처럼 편지를 보내왔다.

사회인이 되어도 떨림이 없는 오랜 글 벗의 감정에서 벗어나지 못했다. 글도 마음도 밍밍해지고 편지도 드문드문 계절을 넘어섰다. 어느 날 그가 말한다. 결혼하게 된다면 아내에게 자기의 첫사랑을 떳떳하게 얘기할 거라고.

그런데 나도 첫사랑이었을까.

네 번의 만남 동안 그리워 밤 지새던 적이 있었던가. 돌아서는 그에게 말 없는 물음표만 던질 뿐 붙잡을 자신이 없었다. 우리는 글 안에서 자유롭고 친숙하고 한때의 빛나던 존재였다. 청춘을 담을 뜨거운 열정도 숫기도 부족하여 어느 한쪽도 불씨를 지피는데 서툴렀다. 어쩌면 그를 대하던 뜨뜻미지근한 내 태도가 달라졌다면, 핸드폰 시대였다면, 첫 만남이 이루어졌다면, 생각해보지만 닮은 꼴인 우리의 변화는 쉽지 않았을 것이다.

그래도 이별은 아팠다. 어떤 이별이든 그 안에는 슬픔의 감정이 한 가닥은 들어있으니까. 그의 마음이 밖에서 떨고 있어도 문을 열어줄 수 없던, 그때의 내 마음이 그랬던 것처럼.

순수 시절 내 첫 봄날은 꽃 한번 피워보지 못한 채, 서랍 속 색색의 씨앗들을 바람결에 실어 보냈다. 멀리 와 버린 50여 년의 시간만큼 희미해진 이야기가 지난 감정을 적신다. 그와 나눈 글들은 내 사춘기의 감성을 아름답게 키워주었고, 외롭지 않게 해주었다. 내게 그런 청춘의 시간을 선사해준 그가 고맙다. 어쩌면 풋풋하던 그 시간이 젊은 날의 화양연화이지 않았을까. 새벽녘 안개처럼 그 안에 알 수 없는 인생의 신비를 담고 있는 꽃같이 아름다운 시절.

내게 그가 첫사랑이 아니면 어떠랴. 나는 그를 통해 그 의미를 두 손안에 담아 추억처럼 들여다본다.

나도 여자야

7년의 세월이 흐르니, 병실 안의 삶에 나도 서서히 젖어 든다. 같은 방 환자들과 오랜 시간 만나다 보니 이웃사촌 못지않게 정겹다. 조선족 한 분이 거동이 힘들어 누워만 있는 네 명의 중환자를 24시간 돌본다. 어쩌다 바쁜 날 빼곤 병원에 들르면 인간적인 정이 들어 용돈과 간식을 챙겨주고 삶의 이야기를 나누기도 한다.

곱상한 92세 선이씨는 엉뚱한 소리를 하지만 말 표현은 정확하다. 볼 적마다 바쁜데 또 오셨어요. 고마워요. 애교 넘치는 멋쟁이다. 운영했던 미장원에서 나오는 월세로 자식에게 손 내밀지 않고 병원비를 낸다고 자랑한다. 문 입구의 91세

할머니는 무표정인 채 아예 눈 감고 있다. 며느리와 딸은 본 적 없고, 가끔 아들이 올 때면 의무처럼 야쿠르트 하나씩 돌린다.

옆에는 90세인 큰 몸집에 달덩이 같은 얼굴이 부잣집 마님 같아 '마나님'이라 부른다. 교육공무원으로 퇴직하고 혈액암으로 언어 소통 대신 고개를 끄덕이거나 손으로 침대를 탁탁 두드린다. 갈 때마다 백발에 베레모를 쓴 몸이 바짝 마른 남편이 침대 곁을 지키고 있다. 아침이면 출근하여 아내에게 점심을 먹이고, 오후에 돌아가는 게 일과인 금슬 좋기로 소문난 할아버지다. 건강한 시절에는 나름 소신있게 살아왔음이 엿보인다.

병실에 들어서니 춘옥 할머니 때문에 한바탕 웃었다고 한다. 88세 막내 춘옥이는 어머니 함자다. 아침 식사 후 10시가 되면 배변 시간이다. 어머니 차례가 되었는데 작은 가리개 옆자리에 앉아 있는 할아버지가 불편했던 모양이다. 끙끙거리다가 느닷없이 한마디 했단다.

"그만 가이소, 그러고 있으면 우짤낀데예. 나도 여자야!"

마주 보는 선이 씨도 덩달아 추임새를 넣었다.

"맞어, 맞어, 나도 여자야."

민망해진 할아버지는 헛기침을 두어 번 하더니 결국 나갔다 한다. 간병인도 환자들 낮잠 시간에 등대고 쉬고 싶어도 보호자의 눈치가 보일 터다.

엄마가 그랬어? 하니 내 귀에다 살며시 말한다. 창피하기도 하지만 손잡고 있는 게 보기 싫었다는 거다. 아! 우리 엄마도 여자이구나. 여자이고 싶었구나. 청상과부가 되어 떠나간 남편에 대한 그리움, 혼자 남겨져 사랑받지 못한 세월의 서러움이 마음에 맺혀있었나 보다. 밤송이에 손가락이 찔린 것처럼 따끔거린다.

가끔 진한 화장을 해드린다. 빨간 입술은 다시 피어나고 싶은 마음이런가.

다 늙어서 넘사시럽데이, 하면서도 거울 속 화사한 각시를 좋아한다. 꾸밈없는 엄마 얼굴이 부끄러워 어린 날 불평만 했다. 황소바람에 문풍지가 울어대어 볼이 발개지면 동동구루무 한 통이 어머니의 유일한 화장품이었다. 그나마 살성이 부드러워 분을 바른 것처럼 얼굴이 보시시 하여 다행이었다.

노래자랑도 한다. 선이씨는 늘어진 버들가지처럼 흐드러지게 부른다. 어머니는 고향의 봄을 더듬더듬 노래할 때면, 소몰고 풀 먹이러 가던 들판의 정경을 그리워한다. 쑥 캐어 쑥범벅을 해 먹던 절친 명이는 한글 배우던 야학 선생님과 눈이 맞아 아들 둘에 딸 하나 낳고 잘 산다고. 사실 춘옥이를 좋아했는데 할아버지 불호령으로 야학에 못 가게 되자, 명이와 친해졌다는 비밀스러운 표정이 귀엽기조차 하다.

어머니의 추억을 반복으로 듣다 보면 행복했던 그 시절의 단상들이 훤하게 그려져 맞장구를 치게 된다. 신기하게도 옛 기억은 그대로 살아남아 결 고운 수채화로 저장되어 있다.

마나님이 보이지 않는다. 간병인을 바라보니 고개를 끄덕인다. 어머니가 알아차리고 아파할까 봐 애꿎은 이부자리만 다듬는다. 멍하니 창밖을 바라보며 어딘가 헤매는듯하다가 혼잣말로 중얼거린다.

"인생은 짧다 아이 가. 예쁜 옷도 입고, 하고 싶은 거 미루지 말고 살그레이."

나뭇가지 몇 잎이 바람에 달랑거린다. 마나님이 먼 길 떠난 것을 아는 걸까. 치매라고 느끼지 못하고 감정이 없을 거라 단정하면 오산이다. 툭 던지는 춘옥 할머니 말이 명언일 때가 있다며 간병인도 감탄한다. 동문서답에서 삶의 지혜가 담긴 한마디씩 불쑥 꺼 집어낼 때면 나 역시 깜짝 놀랍다.

병실에는 절망과 슬픔만 있는 것은 아니다. 아픈 이들이 치료하고 쉬는 그 안에도 삶은 흐른다.

4부

지나치는 풍경을 잡다

수필, 온통 내려앉다

무쇠 숯다리미

인생 최고의 순간

스멀거리다

눈길에서, 문득

니 믿고 안 사나

아직은 청춘

그물에 걸린 꿈

울렁거리는 세상

수필, 온통 내려앉다

책 읽는 계절인가, 무심코 지나치던 동네도서관이 나를 부른다.

햇살 깊게 내리는 날, 서랍 구석에서 뒹굴던 회원증을 챙겼다. 옅은 자주색과 붉은색으로 채색된 담쟁이 잎사귀가 도서관 긴 담장을 덮고 있다. 가을 끄트머리가 어느새 문턱을 넘어서고 있나 보다.

여기저기 뒤적거려서 수필집 한 권을 골랐다. 창문 틈새로 결 고른 햇살이 책머리를 비춘다. 책 안의 어느 구절, 무언의 언어가 훅 치고 들어온다. 메마른 감성에 물을 내리는 언어의 미학, 나를 흔들어대는 자극, 마음이 술렁거린다. 이건 필시 글쓰기에 대한 소망이 내 어느 부분에서 자라고 있었던 거다.

책이 귀한 초등학교 시절, 학교 도서관은 내 놀이터이고 유일한 쉼터였다. 어릴 적부터 책에서 나는 톱밥 냄새가 좋았다, 그 냄새가 짙을수록 아늑했다. 서고에 꽂힌 책들이 모두 내 것 같아 마음이 풍요로웠다. 백일장에 입상하면서 자신감이 솟아났다. 소설을 읽으며 눈물 콧물로 밤을 적시고, 대청마루에 엎드려 애초롬한 달빛 사이로 노트를 끄적이던 그때가 내 마음에 글이 심어진 봄날이었다.

수필 공부는 생각보다 어렵고 만만하지 않다. 글쓰기에서 한 줄의 문장을 만나기 위해 온 마음을 다한다. 좋은 글을 써야 한다는 강박에 시달리기도 한다. 함께 공부하는 문우들은 거의 등단 작가다. 잘 쓴 글을 보면 조바심도 들고 내심 부럽다. 눈물 쏙 빠지게 합평 받은 글이 모여지니 괜한 욕심이 생겨났다. 시간이 지나자 조급함이 들어 소문 없이 한국수필에 응모했다. 이게 웬일인가. 당선되었다며 당선 소감을 보내란다. 내 생애 이런 순간이, 이 나이에, 황홀한 기쁨에 도취 되었다.

한여름 밤의 꿈이었나. 작가란 호칭은 달았지만 여물지 못하는 글쓰기는 쳇바퀴 돌 듯 방황만 한다.

TV에서 황석영의 특집대담프로를 보았다. 《장길산》,《삼포

가는 길》 소설을 쓴 유명 작가다. 사람들이 어떻게 하면 글쓰기를 잘하는지 궁금해하자 딱히 해줄 말이 없단다. 그래도 물어오면 글은 왼쪽에서 오른쪽으로 쓰는 것이라 하고, 또 물으면 궁둥이로 쓰는 것이라 한단다. 궁둥이를 붙이고 왼쪽에서 오른쪽으로 쓰는 것이라며 호탕하게 웃는다.

특별한 기법은 없고 가슴에서 우러나온 대로 쓴다는 솔직담백한 노작가 말이 찌릿하게 공감되어온다. 참 그럴싸하게 맞는 말이다. 자신과의 싸움에서 가장 단단한 무기가 인내 아닌가. 글을 써 보니 포기하지 않고 잘 견디고 오래 버틸 때 어느 순간에서 성과가 나타나는 것 같다.

줄리아 카메론 작가는 하루에 노트 3쪽 분량의 글을 매일 쓰는 연습을 약 6개월 이상 하라고 한다. 《나를 치유하는 글쓰기》에서 '글을 써야 하는 가장 큰 이유는 우리 자신이 작가이고 쓴다는 것은 타고난 권리다. 활력 넘치는 삶을 살도록 하며, 세상 속으로 걸어가는 생생한 여정이 된다'라고 표현했다. 이 구절을 되씹고 되뇌면서 쓰는 것에 대한 용기를 새롭게 가져보았다.

오직 나만이 내 삶을 진솔하게 드러낼 수 있는 수필은 누구도 대신 써줄 수 없다. 글이 하늘에서 뚝 떨어지면 좋으련만. 어렵고 헷갈리는 것은 예전이나 지금이나 마찬가지다. 이야기 속 내재를 깨우고 사유를 되새기며 나를 달구어내지만, 채워지지 않는 물동이처럼 모자람에 늘 허기가 진다. 사물을 담아내고 사물에서 내면을 갈구하는 그 순간만은 나에게 솔직해지는 시간이다. 내 진심이 때론 불편하기도 하지만, 삶을 돌아보며 웃게 하고 나를 다지게도 하니 수필은 매력적일 수밖에 없다.

풀벌레 소리가 들렸다 끊어졌다 하는 이 고요함, 잎이 돋아 푸른 숲이 되기를 염원하는 마음으로 이 시간까지 글구멍을 다진다. 글과 인생길의 동반자로 살아가면서 하나 정도 명예로운 욕심이 있어도 되지 않을까.

나는 작가다. 가슴에 와닿는 책을 읽을 때나, 잘 쓴 가치 있는 원고를 깨끗하게 프린트할 때면 연인 대하듯 두근두근 설렌다.

창문 틈새로 노란 달빛이 가슴으로 온통 내려앉는다. 글이 심어진 어느 해 봄날처럼.

무쇠 숯다리미

내가 결혼할 때는 혼수로 다리미 마련은 필수였다. 요즘이야 크게 다림질할 일이 없을 만큼 옷감이 좋다. 그냥 툴툴 털어 입어도 되고 웬만한 건 세탁소로 보내면 되니 다리미가 없다 해도 생활에 큰 불편함은 없다. 가끔 집에서 다림판을 벌여놓고 전기 꽂아 다림질하노라면 힘들고 귀찮기도 하다. 그럴 때마다 정성을 다해 다림질하던 어머니 생각이 난다.

대 식구 건사하느라 어머니 손에 물기 마를 날이 없었다. 식구 많은 집 마당에는 부엌 처마에서 대문까지 긴 빨랫줄이 걸려있다. 줄이 처지지 않게 가운데는 기다란 바지랑대로 고정해두었다. 빨래하는 날이면 하얀 옥양목이 햇빛에 반사되어 눈이 부셨다. 빨랫줄에 일렬로 늘어선 옷들은 바람이 스칠 때마다 저마다 흥에 겨운 듯 춤을 추었다.

우리 옷은 얇은 나일론이 많아 마르면 바로 입을 수 있지만, 어른들은 주로 베틀에서 짠 광목이나 삼베, 모시여서 손질이 필요하다. 그 시절은 손이 많이 가는 누런 광목조차 귀할 때다. 광목을 흰색으로 가공한 옥양목은 고급 옷감으로 결이 고와 이불 홑청으로도 쓰인다. 명주 저고리, 삼베적삼, 모시 치마는 빨래 후 풀을 먹이고 햇볕에 말린 뒤 가지런히 접어 천에 싸서 뒤집어가며 밟는다.

이불 천 같은 큰 빨래는 어머니와 마주 보고 대각선으로 잡아당기면서 천 끝을 펴준다. 구김살을 펴주고 다듬는 우리네 전래방식으로 천을 당기다가 자칫 한쪽 손을 놓쳐버리면 상대는 뒤로 벌러덩 넘어간다. 손 마를 날 없던 어머니 얼굴에 잠시나마 웃음꽃이 피어난다. 그 웃음꽃 뒤에는 어머니의 고된 얼굴이 있다.

중풍인 시어머니의 배설물을 받아내던 날들이 이어졌다. 날마다 모시 적삼과 바지의 오물을 빨래하고 다렸다. 골 깊은 한숨이 무쇠 다리미에서 활짝 펴졌으면 좋겠지만, 흔적 없이 녹아내렸다. 어머니의 가슴마다 힘든 삶에 데인 상처들이 줄줄이 묻었을 것이다. 만삭의 몸에서도 놓을 수 없었던 다리미, 삼 일 지나면 석 달, 길면 삼 년 간다는 중풍을 할머니는 오 년이나 앓았다. 할머니 타박으로 어머니 입에서 한숨 섞인 혼잣말을 들으면 어린 마음에도 불쌍하고 가여웠다.

어머니의 다림질은 옷만 다린 게 아니었다. 누구에게도 말 못 할 시집살이의 애환, 부모 봉양, 자식 건사를 위한 세월을 숨 가쁘게 다림질해 왔다. 가슴속에 담아둔 이야기를 다리미로 꾹꾹 눌렀을 것이다. 열기가 서서히 식어가는 것을 보면서 마음도 식혔을 것이다. 풀을 먹여 깨끗하고 빳빳한 옷을 입기까지 그것은 어머니의 고단한 증표이다. 뜨거운 가슴을 삭혀오던 어느 순간 실타래를 푸는 지혜도 터득하면서 어머니의 일생이 되었다.

어머니의 마른 삶이 담겨있는 다리미에는 한과 설움이 함께 한다. 골동품가게나 민속박물관에서 뚜껑 없는 무쇠 숯다리미를 볼 때면 가족을 위해 고난의 세월을 고스란히 담아 다림질로 땀범벅이던 어머니 모습이 못내 애잔해진다.

우리 집에는 세 종류의 무쇠 다리미가 있었다. 주전자 모양인 굴뚝 다리미는 뚜껑을 열고 안에다 숯불을 넣어 사용했다. 화롯불에 묻어 놓고 달구어지면 옷의 깃이나 작은 구김살이 펴지게 마무리하던 인두, 프라이팬처럼 생긴 무쇠 숯다리미는 가운데가 오목하게 되어있어, 불에 익은 숯덩이를 담아 뜨겁게 달구어지면 그 열기로 다림질을 한다.

숯불 만드는 일은 여간 고역이 아니다. 아궁이에 참나무 장작으로 불을 지피고 나무가 불에 타 벌겋게 달아있을 때 물을 살짝 부어 숯을 만든다. 그것을 말려 다리미 숯으로 사용한다. 불이 잘 지펴지지 않을 때는 풍로를 아궁이에 밀어 넣고 세차게 돌려야 한다. 숯 만드는 과정은 어깨가 뻐근할 정도로 힘든 노동이다.

지독하게 덥던 어느 여름, 옥양목 이불 홑청을 다림질할 때다. 어머니를 도와 양 끝 천 모서리를 잡고 있던 내 얼굴에는 땀이 줄줄 흘러내렸다. 어머니의 한 손은 천을, 다른 한 손으로는 무거운 무쇠 다리미 자루를 잡고 어렵게 다림질을 하였다. 그날따라 앞으로 밀려드는 무쇠 다리미가 순간 괴물같이 느껴져 잡고 있던 천을 그만 놓아버렸다.

다리미가 뒤집혀 지면서 숯불이 떨어져 홑청을 홀라당 태웠다. 새로 마련해야 할 옥양목 천이 걱정되던 어머니 마음은 오죽하랴마는 등짝을 맞고는 장독대 감나무 뒤에서 미안함과 서러움에 어둑할 때까지 울었다. 그 기억 이후, 다림질하는 날이면 숙제 핑계 대고 슬그머니 친구네로 피신 가곤 했다. 몇 해 뒤 전기다리미가 생겨 무쇠 다리미는 더는 보지 않아도 되었다.

시대가 발전하면서 모든 것이 편리해졌지만, 가끔 그 괴물 같았던 무쇠 다리미가 그립다. 그 안에 유년에 대한 기억과 어머니에 대한 그리움이 섞여 있기에, 나는 지금 무쇠 다리미로 지나가 버린 추억의 시간을 꺼내어 곱게 다리고 있다.

인생 최고의 순간

인천대교를 지나는데 서쪽 바다에 걸려있는 붉은 노을이 참 곱다.

마치 인생 경계선상의 교차점 인양 수평선과 맞닿은 하늘 가득 펼쳐져 있는 붉음이 신비롭고 오묘하다. 떠오르는 태양 못지않게 지는 노을의 아름다움이 새삼 느껴지는 건 삶의 결실기에 들어선 탓일게 다.

친구들이 모이면 어떻게 살아야만 품격 있는 황혼을 보낼까가 늘 관심사다. 여인의 60대는 시든 꽃과 진배없으며, 신체 곳곳이 고장 신호를 보내오면 멋진 치장도 한갓 마른 허물일 뿐이다, 이렇게 여겼다. 막상 인생 마지노선에 서 있는 나이가 되어보니 하루해가 짧다고 느껴지는 축복받은 삶인 것이 여간 다행스럽지 않다.

라인댄스가 상쾌한 아침을 열어준다. 젊은 사람들과의 만남에서 그들의 사고나 배울 점은 귀에 담아둔다. 버킷리스트에 올려만 두고 망설이던 수채화에 입문, 동호회 전시회까지 열면서 자긍심이 충만하다. 저문 나이에 수필가가 된 건 가장 값지고 뿌듯한 일이다. 글쓰기는 뇌 활동을 활기차게 해준다. 글을 쓰지 않았다면 살아온 지난날을 돌아볼 기회조차 없었을 것이다. 온갖 마음을 들추어내어도 아낌없이 이해하고 받아주는 내 글이 있어 행복하다.

걷기를 시작하면서 길 위에서 만난 사람과의 대화도 즐겁다. 저마다의 사연이 그려지고 다른 방식의 삶을 발견하고 알아가는 기쁨은 나름 소소한 수확이다. 새로운 도전에 더 나아짐이 확인되는 순간, 나에게 칭찬도 아끼지 않는다. '잘하고 있어'

이러한 변화는 우연히 책 카페에서 만난 한 권의 책 덕분이다.

50세 이후 인생 후반기에 들어서면 도전하기에 늦었다고 포기하는 경우가 대부분이다. 나이의 경계선을 그을 수는 없지만 무언가를 하기에 너무 늦은 나이란 없다는 에릭 뒤낭.

내 귀가 솔깃해졌다. 그 역시도 54세에 《50세에 빛나는 삶을 살다》 첫 번째 책을 발표했다. 빛나게 한 삶의 구체적 과정은 조금 미흡하지만 그럼에도 이 책은 내 관심을 끌기에는 충분했다.

책 안에는 50세 이후 빛을 본 30인의 인생 열정을 얘기하고 있다. 그들을 보면서 멋진 노후를 꿈꾸게 하고 도전할 힘을 내게 한다. 살면서 반드시 가까이할 친구가 있다면 그것은 용기일 것이다. 이 책을 발견한 건 나 역시 50대 들어 삶의 의미에서 방황하던 내게 큰 행운이었다. 이 책을 만나 새 사업으로 요양원 설립을 계획하게 되었고, 그 준비를 위해 사회복지대학원에 도전할 용기와 힘을 얻었다.

그의 책에 등장하는 주인공들은 평균 수명이 70세 전후였던 시대에 살았던 사람이다. 그들은 남들이 일에서 은퇴할 나이에 다시 새로운 일에 도전했다. 금색 체인으로 끈을 감은 고급스러움, 하나쯤 갖고 싶은 명품 샤넬 가방. 샤넬 19를 런칭하여 다시 대성공을 거두었던 코코 샤넬의 나이는 71세였다. 생애 마지막까지 그녀는 에너지, 의지, 열정으로 넘쳐났다. 레베카로 유명한 알프레드 히치콕은 61세에 사이코 영화를 찍었다. '새'를 포함 역대 최고의 스릴러영화 100선 중 아홉 편이 50살 넘어 발표했다. 빅토르 위고도 60세에 레미제라블을 발표했다.

앙리마티스는 그의 나이 83세 때 그림 그릴 기력조차 없어지자 데쿠파주 연작에 새롭게 도전했다. (종이나 헝겊을 오려내어 색을 칠하거나, 색을 칠할 종이를 오려서 다른 종이 표면에 붙여 장식하는 작품) 대단한 의지이다. 이야말로 나이는 숫자에 불과하다. 존경심이 절로 우러난다.

학교 선배는 교사로 퇴임하고 고궁 해설사로 제2의 인생을 산다. 전공 지식을 봉사하면서 보람을 느끼고 있다. 일하면서 보고 느낀 생각, 사람과의 관계, 삶의 이야기를 책으로 낼 예정이란다. 다른 생명의 성장을 돕고 경험을 전달하며 인생의 또 다른 가능성을 만들어가는 가치 있는 것임을 선배를 통해 공감한다.

나이를 잘 든다는 것은 내면이 바깥으로 곱게 풍겨지는 자기만의 무늬 같은 것이다. 자신의 향기를 낸다는 건 그만큼 삶을 소중히 여기고 책임 있게 살아온 사람이다. 세월이 더 지난 후의 내 모습은 어떻게 비추어질까. 혹여나 인생 헛살았다며 되뇌는 초라한 노년의 모습은 아니었으면 싶다.

무심히 지나치던 길섶의 풀꽃이 이쁘게 눈에 들어온다. 세찬 바람조차 지나치는 인연이라 너그럽게 여겨진다. 아직은 무언가를 선택하여 향기를 낼 수 있는 남아있는 시간이 감사하다. 자신을 성찰할 수 있다는 것, 이 또한 나이 듦의 미덕이라 자위해본다.

내가 원하는 삶을 살며 존재하는 그 시간이 행복하다면 그것이 바로 인생 최고의 순간이 아닐까.

스멀거리다

화단에 물 주러 갔다가 화들짝 놀랐다. 울긋불긋 꽃으로 피어야 할 단풍나무 잎이 누렇게 말려있다. 잎사귀 군데군데 구멍이 나 있고 듬성듬성하다. 여름내 손가락만 하게 매달린 노란 탱자가 대견하여 틈나면 마주하던 탱자나무 성긴 잎도 죽기 직전이다. 소담스레 피어나던 연분홍 철쭉 무리까지 갉아 먹히고 가지가 뒤틀려 몰골이 처참하다.

영문을 몰라 가까이 들여다보다가 그야말로 기절초풍했다. 잎사귀마다 벌레가 붙어 꿈틀거리는데 얼마나 포식을 했던지 살이 올라 포동포동하다. 하얀 가시털로 기어 다니는 모습에 소름 돋아 온몸이 스멀거린다. 원흉의 정체는 송충이다. 어쩌다 이런 일이, 고통으로 아픔을 겪었을 나무들, 방치당했다는 비탄에 잠겨 주인 원망을 했을 터, 세심히 정성으로 돌보지 못한 내 불찰이다.

망설일 겨를 없이 수습에 나섰다. 이미 전체로 퍼져있어 한 마리씩 잡아낼 단계는 넘어섰다. 인터넷에 검색하여 송충이에 특효라는 스미치온 살충제를 구했다. 약만 뿌려서 될 일이 아니고 가지를 쳐내야 한다는 판단이 섰다. 가지마다 촘촘히 붙어있는 병충알을 제거해 씨를 말리는 게 수순이다. 잘린 생장점이 걱정되지만 잘 버텨주리라 믿을 수밖에.

비단 이런 일뿐 아니라 살다 보면 때론 과감한 결단력이 필요하다. 미련 때문에 망설이며 어느 선에서 매듭을 끊어 내지 않아, 결국 몸통까지 자르는 불행을 초래하는 경우가 어디 한두 번이던가.

예전 데리고 있던 직원이 금고에 손을 대었다. 교통비에 식사비 정도이고, 경력자 구한다는 것도 쉽지 않아 그러려니 모르는 척했다. 사정이 생겨 가게를 비운 날, 결국 큰 액수가 없어지는 일이 벌어졌다. 지낸 정과 수고로움에 대한 퇴직금이라 생각하고 조용히 정리했다. 처음부터 경각심을 주었거나 냉정한 선택을 했다면, 그녀가 막다른 곳까지 가지 않았을지도 모른다는 자책감에 한동안 힘들었다.

한바탕 소동을 치르고 나니 정신이 든다. 그간 송충이를 본

적이 없었다. 소나무도 없고 여름철도 아니다. 방재차가 다니며 소독도 하던데 주택가 마당에 송충이가 어떻게 생겨났는지 의문이다.

한편으로는 하찮은 미물이라도 존재 이유가 있으며 생존본능에 충실했을 것이다. 송충이는 징그러운 흉물이라며 호들갑을 떨긴 했어도, 다른 생명의 먹이사슬이 된다. 사악한 인간은 뱀 같다 칭하고 소는 착하다는 관념도 그러하다. 모습이 신기하다든가 가깝게 느껴지지 않는 건, 눈에 익고 뇌리에 저장된 선입견 때문이다. 관념의 잣대에 맞추려 드는 내 삶도 그들의 눈에 하찮을 수 있고, 인간의 편견을 오만이라며 되려 탓할지도 모른다. 어쩔 수 없었다며 면피해 보지만 생명을 없앤 것이 영 개운치 않다.

송충이를 보니 옛 생각이 난다. 학창 시절 송충이 잡으러 갈 때가 있었다. 일제시대와 6.25를 겪은 이후 우리나라 산들은 거의 민둥산이었다. 산림녹화 사업으로 심어놓은 소나무가 송충이 때문에 난리였다. 겨우 자라난 솔잎을 갉아먹는 통에 소나무가 말라 죽어갔다.

1970년대 국가가 제정한 방제 기간에 맞추어 학생들도 송충이 잡기에 나섰다. 여학생이라고 봐주는 게 없었다. 우리는 선생님 인솔하에 집게에다 누런 종이봉투나 양쪽 철사로 매단 구멍 뚫은 깡통 하나씩 들고 앞산으로 올라갔다. 나무에서 떨어진 송충이가 움찔거리며 바닥을 기어 다니는 게 예사다. 어쩌다 송충이가 목덜미에 붙으면 고래고래 소리 지르며 울고불고 난리가 아니었다. 털에서 독을 품어내어 물린 자리가 무척 가렵고 따가우며 벌겋게 부어올랐다. 잡은 송충이는 모아서 구덩이를 파고 소각을 한 뒤에 흙으로 묻었다.

그 일은 한 시대 추억이 되었다. 지금은 국토의 63%가 산림이다. 울창하게 어우러진 휴양림은 아늑한 휴식공간이 되고 숲이 주는 넉넉한 임산물은 먹거리의 보탬이 되어준다. 어울리며 성장하고 공존하는 자연에서 우리는 마음 치유를 얻으며 모든 생물과 더불어 살아가고 있다.

화단 앞에는 곳곳이 잘려 나간 나뭇가지와 널브러져 있는 송충이가 엉켜있다. 빗질로 포대에 쓸어 담는데 마음 사이로 신산한 그늘 바람이 인다.

눈길에서, 문득

사방이 온통 눈의 세상이다. 쏟아지는 눈 속에서 굴착기 작업을 하고 있다. 공사 기간을 맞추기 위해 공사장은 일을 멈추지 않는다. 눈길에서 바라보고 있노라니 문득, 감회가 깊어진다.

나의 첫 집짓기는 22살 때다. 어릴 적부터 살던 고향 집이 조금씩 흙벽이 내려앉고 전기선에서 스파크가 자주 일어났다. 이사 가야 하는데 살던 동네를 떠나기 싫어하는 어머니 때문에 집을 허물고 새로 짓기로 했다. 나는 설계부터 시공업자와 상의해가며 자재구입을 직접 다녔다. 그때는 전체 공사를 업자에게 맡기지 않고 부분 도급하청을 주었다. 그 나이에, 더구나 2층 양옥집을 지었다는 게 지금 생각해보면 두려움보다 겁이 없었던 것 같기도 하다.

한 번의 집짓기도 학을 뗀다는데 그 뒤 두 번의 집짓기를 한 것은 아마도 건축이 나와 깊은 인연인지도 모를 일이다. 전공했다면 유능한 건축기사가 되지 않았을까 싶다.

두 번째는 이 층까지 이루어진 상태에서의 공사 현장을 인수했다. 물론 업체가 전체 공사를 완공하는 조건이었지만, 그렇다고 마무리까지 신경 쓰지 않을 수 없었다. 들락거리며 체크도 하고 묻기도 하였다. 순조롭게 한 층씩 올라설 때마다 짜릿한 기쁨이 느껴졌다.

세 번째는 두 번째 건물을 해체, 철거하고 그 자리에 신축을 한 것이다. 이번 집짓기는 정신적 소모나 체력적으로 엄청나게 힘들었다. 건물해체부터 법이 강화되고 규정이 까다로워 철거비가 2배로 늘어났다. 팬데믹으로 인해 인건비, 자재 가격이 치솟고, 수급도 원활하지 않았다. 업자들과 궁합도 그리 좋지 않아 완공 후 하자가 생기면 연락을 피하기 일쑤다. 조바심에 아등바등하다 보면 빠져나가지 못한 온몸의 진이 발바닥까지 내려와 있다. 마음고생이 심하여 10년 늙는다는 집짓기는 이제 내 생애 마지막이다.

세월이 흐르니 건물도 나와 함께 나이 들어간다. 내 몸에 알지 못하던 병명이 생겨나듯 건물도 십사 년 훌쩍 넘으니 손볼 데가 여기저기 생긴다. 느닷없이 배수관에서 물이 쏟아지기도 한다. 리모델링을 위해 각 분야로 알아보았더니 공사비용이 생각보다 턱없이 높았다. 몇 달을 고민하다가 결국 신축으로 결정하였다. 사업계획서를 작성하고도 잘 해낼 수 있을까, 뒤척이다 보면 새벽달이 희미해지기 일쑤다.

마크 트웨인은 '성공의 비밀은 시작하는 것이다' 했다. 나는 아무것도 뒤돌아보지 않고 앞으로 나아갔다.

나의 세 번째 공사가 시작되었다. 해는 매일 아침 어김없이 떠올랐고, 건물은 매일 조금씩 제 모습을 드러낸다. 뭔가 뿌듯하면서도 두렵기도 하고 걱정도 되었지만, 내 가슴은 두근거렸다. 미래의 삶이 저 건물 안에 들어있다는 생각에.

원룸을 운영하면서 가장 마음에 걸렸던 것은 좁은 생활공간이다. 작은 공간에서 생활하는 세입자가 안쓰러웠다. 냉장고 용량이 적어 큰 걸로 교환해주고 싶어도 자리가 마땅치 않았다. 물건이 널브러져 정리되지 않으면 좁은 방 탓인가 여겨졌다.

신축설계 들어가기 전 가장 고심한 게 방수를 줄이고 평수를 넓히는 부분이다. 방 개수는 수익과 비례하지만, 방수가 줄어 계획보다 늘어난 건축비는 은행 대출을 조금 더 늘리기로 했다. 원룸과 1.5룸으로 최대 주거 면적으로 정하고 나니 가슴 끝에 쟁여둔 오랜 체기가 다 내려가듯 마음이 홀가분해 진다.

오랫동안 임대를 하면서 많은 일을 겪었고 여러 사연을 만났다. 세입자의 방마다 자기 인생이 들어있고, 작은 방이지만 그 안에서 꿈을 모아나가는 것을 보았다. 오늘은 이 꿈을, 내일은 저 꿈을. 그들의 꿈 안에서 나의 꿈도 함께 커 나왔다. 이제는 나도 제법 마음이 단단해졌지만, 아직도 산다는 건 선택이다. 녹록하지 않은 불완전한 삶에서 새로움을 추구하는 설렘을 가질 때면, 일상이 제법 괜찮게 느껴지는 순간도 있다.

가끔 지난날을 돌아보면서 반문한다. 인생에서 나는 어디쯤 걷고 있을까. 제대로 걸어가고 있나. 여직 살아왔고 살아갈 것이지만 어떤 형태의 삶이든 그 선택에 따라 모양이 달라진다. 결국 길을 걷는 건 누구도 아닌 나 자신이며, 스스로 지고 가야 할 내 몫이다. 내가 가는 그곳이 설령 정답이 아닐지라도.

눈 위, 내 발자국에서 묻어나는 지난 흔적을 본다. 날리는 눈결 사이로 흩어졌던 시간의 기억들이 내 마음을 지나간다. 백색의 투명함에 도취 된 걸까. 발목까지 쌓이는 눈이 오늘따라 왠지 포근하다.

니 믿고 안 사나

어머니 유품을 정리하다 보니 서랍 귀퉁이에 빨간 복주머니가 있다.

꼬깃꼬깃 만 원권 7장 오백원 동전 몇 개가 있다. 바닥에 낡은 명주 천도 보인다. 중요한 물건인지 여러 겹으로 곱게 접혀 있다. 얼른 펴보니 빛바랜 누런 흑백 사진 네 장이다. 할아버지, 할머니, 아버지의 증명사진과 누렇게 바래고 귀퉁이가 얼룩진 은행 통장 크기의 가족사진이다.

원피스를 입고 갈래머리를 한 나. 여동생 둘은 바가지 단발머리에 반 팔 셔츠 차림이다. 까까머리 큰 남동생, 아기인 둘째 남동생은 엄마가 보듬고 있다. 아슴푸레한 게 내가 초등학교 2학년쯤이 아닌가 싶다. 마냥 뛰어놀던 어릴 적 우리 가족은 저리도 다정한데. 아릿하다. 어머니도 저리 이쁜 시절이 있었구나. 흰 치마저고리에 뒤로 감아올린 머리모양을 한 웃는 엄마가 참 곱다. 아버지는 일하러 가셨는지 사진 속에 없다.

그 이후 집에 불이 나서 사진 속 우리 집 이야기는 거의 불타 없어졌다. 내 초등학교 졸업앨범도 함께. 근데 이사진이 살아남아서 어머니의 유일한 유품이 되었다.

정신이 온전치 못한데도 사진을 꼭꼭 싸매어 가장 깊은 바닥에 간직해둔 마음은 무엇일까. 어머니의 젊음이 담긴 인생이었을까. 어린 자식들의 모습이 담긴 기쁨을 꺼내 보면서 혼자 행복했으리라. 당신의 맑은 정신을 그리워했을 수도 있겠다. 용돈 한 푼씩 넣어둔 복주머니보다 사진은 몇 곱절 어머니에게 귀하고 소중했을 것이다.

사진을 발견하게 하여 자식들의 화목을 바라는 암시가 아닐까도 싶다. 지금까지 친정 가족사진이 없다. 성장한 자식들을 앞세우고 오붓한 사진을 소원했을 어머니의 간절함을 헤아리지 못했다. 후회한들 무슨 소용이 있겠는가. 사진 한 장에 여러 마음이 겹쳐지면서 다양한 감정이 뇌리를 스친다.

장례식장 제단에 올려둔 어머니 영정 사진을 가운데 두고 오남매, 손주, 손주 며느리들이 모여 단체 사진을 찍었다. 살아계실 때 좋은 날은 허투루 보내고 자손들의 상복 입은 모습이라 어처구니없어 웃음이 나왔다. 이렇게라도 한자리에 모인 자손을 보며 애달음보다 흐뭇하시기를. 하여 가시는 걸음 조금이라도 가벼웠으면.

형제애가 절절하지 않아도 소통하며 큰 감정 소모 없이 지냈다. 어머니가 치매를 앓게 되면서 부양 문제로 소원해졌다. 내가 4년을 모셨다. 이후 8년 넘게 요양병원에 입원한 어머니에게 무심한 동생들에게 감정이 생겨났다. 살면서 어려운 게 가족이란 생각을 했다. 더구나 골 깊은 가족관계의 회복은 쉽지 않다. 마음을 다스려도 인간관계는 상대적이어서 서로 간 인내와 배려가 필요하다. 부모 형제라고 다를 바 없다.

무덤 흙이 마르기도 전에 돈이 핏줄보다 진하다는 경우를 많이 보았다. 우리도 그랬다. 장례를 치르고 장례비를 분담할 때 큰소리가 났다. 며느리 앞에서 졸렬한 모습을 보인 게 내내 부끄러움으로 남는다. 차라리 어머니의 빈손이 천만다행으로 여겨진다. 동생들을 품지 못하는 좁아터진 마음에 더 화가 난지도 모르겠다. 둥글둥글 모나지 않게 살 나이가 되었건만 이러는 내가 딱하기도 하다.

코로나로 인해 오래 보지 못하다가 병원 창 너머로 어머니를 만났다. 휠체어를 타고 머리를 손으로 끄적거린 모습에서 알아보진 못해도 안심이 되었다. 추석 방문이 가능하다고 연락이 왔다. 불과 뵌지 한 달 사이에 침대 누운 채 손이 오그라져 있다. 굳은 손을 펴려고 주무르는데 눈물이 하염없이 흐른다. 어머니의 초점 없는 눈을 바라보며 온몸에 주사로 퉁퉁 붓지 않아도 되는 세상으로 이제 그만 가시라 했다.

그 뒤 한 달도 안 되어 떠나셨다. 그동안 잡고 있던 딸의 마음 때문에 억지로 살려고 애쓴 건 아닌지, 이승에서의 나와 마지막 작별을 위해 버티신 건지 모를 일이다.

"내가 니 믿고 안 사나."

생전 하시던 한마디가 뼈아프게 들어온다. 그 말을 들을 때마다 부담감으로 외면하고 싶었던 순간들도 많았다. 삼우제 날 영정 사진을 가슴에 안고 통곡했다. 그 말을 해서 죄송하다고. 다음 생에는 유복한 집의 귀한 자손으로 태어나 건강하고 사랑받는 삶을 살라고. 우리의 인연은 나쁘지 않았으며 엄마가 돼 주어 감사하다고.

어머니가 떠난 지 2주, 불현듯 보고 싶어 용미리 추모공원으로 달려왔다. 그리움은 남아있는 자의 몫일까. 일상도 기억도 구름마저 아무 일도 없는 듯이 고요히 흐른다.

계절은 에둘러 가을을 보내려 채근하지만 한낮 볕살은 제법 따갑다. 묘지 앞 벤치에 앉아 바라보는 용미리의 바람결은 선하고 옥빛 하늘은 평화롭다.

잎새 하나 발아래서 또르르 굴러간다. 어머니의 기척인가.

아직은 청춘

이른 아침 고속도로를 달려 속리산 국립공원으로 향한다.

지나가는 가을의 아쉬움을 담기 위해 동갑 친구들과 여행에 나섰다. 구름 한 점 보이지 않는 청명한 하늘, 계절의 풍성함으로 곳곳이 생기가 넘친다. 탐스럽게 달린 과일, 침을 꼴깍 삼키게 만드는 가을의 넉넉함, 여유롭다.

오랜만의 해후인지라 서로의 눈에는 들녘만큼 넓은 정감이 흐르고 반가워 얼싸안는다. 가요무대가 된 버스는 트롯트 음악으로 휘청거리고 시원하게 한 곡조씩 뽑어낸다. 차 한 잔에도 감성을 묻어내던 친구들은 얼굴에 담긴 시간의 흔적만큼이나 스스럼없는 입담들로 떠들썩하다. 이 나이가 되니 세월에 대한 연민이 밀려오면서 함께 하는 것만으로도 좋다.

시간의 흐름 따라 변해가는 인생이 그리 심심치는 않다.

몇 년 후 다시 가을을 맞이할 때 우리는 어떤 모습으로 삶을 마주하고 있을지 모를 일이다.

법주사는 풍광이 뛰어난 속리산 자락에 있는 유서 깊은 절이며 내게는 신혼여행지다. 동양 최대의 불상인 금동 미륵대불상이 눈에 들어온다. 예전에는 석불이었는데 금빛으로 변색 된 그 화려함에 눈을 부시다. 석등을 떠받들고 있는 쌍사자는 여전히 그 자리에서 세월을 묵묵히 지키고 있다. 알록달록 작은 연등이 절 마당에 길게 늘어서 있고 팔상전 법당 목탁 소리가 리듬을 타듯 들린다.

행복을 기원하며 소망을 담아 불전을 넣던 그때와 변함없다. 정좌한 부처님은 미소를 머금은 채 무언의 눈빛으로 그윽이 바라본다. 40여 년 버티며 살아온 삶을 기특하다 하시려나. 상념에 잠겨있는데 친구들이 부르는 소리가 들린다.

세조길로 발길을 옮긴다.

입구에는 인증샷을 찍으려는 인파로 즐비하다. 조선 7대 임금인 세조가 감탄하며 걸었던 단풍길 10선 중 한 곳이다. 법주사 입구부터 세심정까지 3km 정도 산책길로 조성되어 있다. 그 아래서 정사를 고민했다는 눈썹 모양의 특이한 바위, 세조의 부스럼 열꽃을 자신의 업 인양 씻어 내려 했던 목욕소도 보인다.

왕위 찬탈을 위해 어린 조카를 죽음으로 밀어낸 노년의 세조가 참회의 눈물을 지우며 걷던 수행 길이다. 길을 걸으며 거슬릴 수 없는 이치와 순리를 깨닫지 않았을까, 삶의 여정에서 인생의 덧없음을 느꼈을까, 세조의 자책하는 모습을 상상해보니 그의 고뇌가 느껴지는 듯하다. 비워내지 못하는 번잡한 생각들로 가득한 내 삶은 어떤 모습인지 계절을 보내는 길목에서 궁금증이 더해진다.

가을 산이 귀를 흔든다. 낙엽에 둘러싸인 계곡 길, 걸음마다 바스락거림은 곡조의 한 자락이다. 숲에서 뿜어내는 피톤치드의 싱그러움에 시름을 덜어내니 혼잡한 마음들이 정화되는 것 같아 마냥 걷고 싶다. 나무다리 둘레 길에서 바라보는 저수지에 비친 물 위의 반영, 자연이 그려내는 멋진 풍경화다. 투명하리만치 영롱한 형형색색 빛깔을 빚어낸다. 어느 화가가 저런 조화로운 색채를 만들어 낼 수 있을까 눈을 떼지 못한다. 아름다움이 훼손되지 않게 자손들에게 잘 물려줬으면 하는 바람이다.

우리 존재가 자연에 비하면 얼마나 하찮은지. 한 시절 찬란하던 단풍, 제 몫을 다하고 거름으로 남는 낙엽은 우리 인생과 많이 닮아있다. 누군가에게 그리움이 되고 거름이 되어준

향기로운 삶이었는지 자연의 기다림을 닮아가며 배워야 할 게 많을 듯하다. 어느새 카메라는 가을을 담고 있다.

법주사로 내려오는 길목, 가게마다 통통하고 탐스럽게 생긴 보은 대추를 팔고 있다. 한 입 베어보니 달짝지근한 게 향도 맛도 좋다. 일반 대추 3~4배 크기로 보은 황금사과 대추라 한다. 용돈 주던 아들이 생각나 한 박스 샀더니 은근히 흐뭇하다. 산에서 채취한 느타리, 싸리 등 각종 버섯을 넣고 끓인 향토 음식으로 출출한 배를 채운다. 숲 내음에 영육을 정화 시키고 맛난 음식으로 속이 든든하니 마음이 풍족하다. 친구들과 웃고 즐길 수 있는 게 얼마나 행복한 일인가.

심장이 뛰고 삶의 열정이 살아있다. 산에 올 때마다 발밑에 느껴지는 흙의 보드라움, 그 속에 생명력이 있는 한 나는 미래를 꿈꿀 수 있고 아직은 화사한 청춘이야. 인생을 두 손에 담을 수 있는 무언가 할 수 있는 시간이 있다는 것, 벅차오르는 기운이 느껴진다. 이 순간 무엇이 부러우랴.

그물에 걸린 꿈

타닥타닥 생솔가지 지피는 냄새가 진하다. 타오르는 나뭇가지 더미에서 불꽃이 일어난다. 불길이 아이를 향해 긴 혀를 내밀며 날름거린다. 아이가 부지깽이로 사정없이 내리치니 불티가 사방으로 튀어 나간다. 그물로 에워싸인 아이를 향한 여자의 게슴츠레한 눈길이 요염하다. 배시시한 웃음이 아이의 눈을 멀게 하고 뇌를 정지시킨다. 그물의 고리가 옥죄어 올수록 숨이 막힌다. 벗어나려고 발버둥 칠수록 요동이 힘들고 온몸은 땀에 젖어 축축하다.

여자의 간사한 입과 홀려대는 눈웃음에 지친 아이는 마침내 사지가 늘어져 잡아먹힌다.

늘 반복되는 꿈이 아이를 괴롭힌다.

어머니의 유일한 공간인 부엌 한 칸과 아궁이. 그 앞에서 마음의 옹이를 풀어내던 어머니를 보며 아이는 자랐다. 언제부터인가, 아이도 그곳에서 눈을 부릅뜨고 내면의 자아와 마주하기를 여러 번이다. 그물에 엉켜있던 질긴 허물이 버둥댄다. 온 힘으로 끌어내어 조각조각 태워 괴롭히던 상흔에서 벗어나야 한다.

'내 잘못이 아니야, 나에게 말하지도 않았고 사실을 알 수도 없었잖아. 아니지, 몇 번을 오고 갔으면 짐작은 했을 거 아닌가, 여자의 호의를 꿰뚫어 보지 못한 네 잘못이 커. 달콤함을 즐겼으니 영악한 거지'

앙다문 입술 위로 흘러내리는 눈물이 마른 장작더미 사이로 뚝뚝 떨어진다. 땀으로 뒤범벅된 작은 몸에서 미세한 경련이 일어난다. 고개를 숙인 채 들숨 날숨을 번갈아 뱉어낸다. 정적이 흐른다. 얼마나 지났을까.

사그라드는 붉음만이 어둠을 밝히고 있다. 불꽃 속 여자의 형상은 점차 일그러진다. 과오, 후회의 잔재마저 태우고 난 불티가 날아오른다. 허공을 더듬는 환희의 순간, 잠재의식 속에 깊게 자리한 마음의 빛이 먼 우주를 향해 날아간다.

얼마만의 자유로움인가. 깊은 잠에 빠져들며 아이는 편안해졌다. 아궁이 앞에서 불을 지피며 자기의 말할 수 없는 고통을 불 속에 던져버렸다. 그날 이후 악몽에 시달리지 않았고 자다가 깬 적이 없었다.

어머니는 친한 언니에게 사기를 당해 집을 빼앗겼다. 집을 잃기까지 올가미에 걸린 건 어머니만이 아니었다. 도장과 서류를 건네주는 일은 내 역할이었다. 갈 때마다 차려주던 식당의 고슬고슬한 밥, 입에 착 달라붙는 맛난 반찬은 수고에 대한 보상이었다. 여자의 칭찬은 감미롭고 건네주는 용돈은 달콤했으며 신이 났다.

왕래하는 동안 왜 추호의 의심도 못 했을까. 제법 똘똘하다는 말을 듣고 자랐는데 등기부대장이라고 적힌 문구를 한 번쯤은 할아버지께 물어볼 기회도 있었다. 일이 터진 후 동조했다는 죄책감에 빠졌다. 뒤척이는 할아버지의 한숨과 어머니의 울부짖음을 들을 때마다 소리 없는 두려움이 엄습해 왔다.

꽈리 튼 검은 형체는 내면에 숨겨져 둥글게 말려있는, 아무에게도 말할 수 없던 나의 허물이다. 내 안 깊숙이 깔린 보풀 같은 아픈 기억이 성가시게 따라다녔다. 털어내지 못한 상처가 마음 밑바닥에서 시커먼 너울을 일으키며 나를 힘들게 했다.

그 일이 벌어진 것은 내가 고등학교 진학을 고민할 때였다.

집안 형편과 공부할 동생이 많으니 여상을 가라고 했어도 나는 아무 말을 안 했다. 애초 흥미 없던 곳으로 등 떠밀려도 거부하지 않았다. 그 일로 어리석은 나를 자책하기에도 버거웠다. 집안 살림이 그리 궁핍하지는 않았지만, 어쩌면 마음을 무겁게 짓누르던 누름돌을 지고 산 시간에서 벗어나는 구실로 적당했을지 모른다. 그때의 나로선 그것이 최선이었다.

그렇게 자신을 합리화한 선택으로 사는 내내 발목 잡힌 시간의 고통을 겪어야 했다. 내 젊은 날의 시간 일부를 놓치고, 잃어버리는 삶을 살고 말았다. 결국 기준을 제대로 세우지 못한 삶의 도돌이표를 다시 그려야 했다. 공부를 시작하고, 새로운 나를 찾아 나섰다.

울렁거리는 세상

병원 진료를 끝내고 나오는 길이다. 혈액검사로 인해 전날부터 굶었더니 시장기가 느껴진다. 돌아보니 병원 주변에 큰 쇼핑몰이 보인다.

매장마다 키오스크(무인 발권기 또는 무인 결제기)가 설치되어 있다. 메뉴가 익숙하지 않아 더듬거리는데 초기화면으로 자꾸 되돌아간다. 겨우 주문하고 카드 결제하려는데 오류가 난다. 당황스러워 쩔쩔매다가 뒤에 줄 서 있는 사람들이 부담스러워 결국 취소하고 자리를 비켜났다.

간단하게 먹으려고 패스트푸드 매장으로 갔다. 키오스크에서 햄버거 종류, 콜라, 감자칩 등 각기 추가 주문을 해야 하는데 다양한 메뉴가 영어로 적혀있어 주문과정이 한식집보다 더 어렵다. 물어보기도 멋쩍고 짜증이 밀려와 배고픔을 참고 그냥 나왔다. 밥 한 끼 먹으려다 기분이 종이짝처럼 구겨졌다. 시대에 뒤처진 것 같은 비참함이 느껴져 돌아서는 발길이 무겁고 씁쓸하다.

한번은 이마트에서 물건을 사고 상품권으로 결제할 때다. 60% 결제하면 거스름돈이 현금으로 나오는데 절차가 복잡하여 한참 헤매다가 결국 젊은이 도움을 받았다. 그 뒤부터 되도록 무인기가 있는 곳은 의식적으로 피하게 된다.

많은 사람이 한 장소에 모여 복닥거리며 정을 나누던 예전 삶이 달라지고 있다. 비대면, 온라인, 모바일 사용을 권장하는 곳이 많아진다. 온라인으로 물건을 구입하고 앱을 통해 결재하는 방법은 아날로그에 길들어진 나는 헤매게 된다. 주문하려고 핸드폰을 들고 씨름하다가 포기한 적도 있고 모바일 상품권이 날아왔는데 사용 방법을 몰라 버리기 일쑤다.

키오스크 경험이 부족하여 겪는 심리적 부담감은 여간 고역이 아니다. 이제는 웨이팅 앱까지 알아야 줄 서지 않고 먹거리를 해결할 수 있다. 내 삶이 한낱 기계에게 조종되고 그로 인해 자존심까지 상하는 것 같아 부아가 치밀지만, 미래 사회에서 살아남으려면 적응하고 배워 익힐 도리밖에 없다. 아무것도 하지 않고 꾸물거리며 멈추고 있는 사이에 누구의 도움 없이는 집 밖으로 한 발짝도 나갈 수 없을지도 모를 일이다.

연로한 엄마가 패스트푸드점에서 주문을 하지 못해 울었다는 인터넷에 올라온 글을 보니 마음이 짠하다. 얼마나 속이 상했을까. 나도 황당하고 겸연쩍던 일을 겪었던 터라 그 심정이 충분히 이해된다. 디지털을 모르고 살아오던 50년대 전후세대가 격변하는 시대의 가장 큰 피해자일 수 있다.

아직도 종이통장이 익숙하고 친근한 기계치인 나도 이러한데 하물며 고령의 어르신에게는 버거운 일이 아닐 수 없다. 디지털 취약자를 위해서 음성안내. 큰 한글 표기 등 쉽게 접근할 수 있다면 이용하는데 어려움이 덜하지 않을까 싶다.

언택트 시대라 부른다. 수업, 화상 재택근무, 홈 트레이닝, 공연이나 인터뷰 등이 온라인으로 이루어지는 새로운 생활방식으로 우리 삶은 엄청난 변화를 맞이한다. 화면을 통하여 각 나라 시청자와 함께 트롯트를 부르며 즐거워하고 서로 이해하고 공감하는 모습, 대화를 나누면서 직접 요리를 배우는 프로그램 진행이 이젠 낯설지 않다. 나도 모르는 사이 대중매체를 통해 습득되어 자연스럽게 받아들인다. 집에 머물러도 온라인을 통해 외부와 연결하여 소통하는 것을 보면서 모든 상황이 불과 짧은 기간에 이루어졌다는 사실이 신기하고 놀라울 따름이다. 팬데믹 이후 세상은 새로운 도전과 기회를 마주하며 끊임없이 미래를 변화시키고 있다.

첨단기술에 대한 공포감이 생길 때마다 디지털 울렁증이 일어난다. 시대가 그런 만큼 피할 수 없다. 아들에게 묻는 것도 한두 번이지 그것도 못 할 일이다. 컴퓨터가 인간의 사고까지 모방한다고 하니 문득 무서워진다. 내 존재가 사라지고 쓸모없는 인간이 되어지는 것이 아닐까. 울렁거리는 세상이 두렵다.

'사람의 사고, 관념, 제도, 역사를 깨트리지 않으면 새로워질 수 없다. 새로워지지 않으면 헤져 쓸 수 없게 되는 것이 만고의 진리다' 어느 칼럼에서 본 글이 머리에 스친다. 변화되고 있는 신(新)시대에서 깨트려야 새로워진다는 의미를 새겨본다.

정신을 집중시키고 핸드폰에 웹을 깔기 위한 작업을 다시 시도한다. 아직은 살아갈 날이 남아있기에.

5부

그랬으면 좋겠다

세상에서 가장 아름다운 말
봄밤의 서정
오늘도 편의점 간다
아름다운 선택
도리깨질
신데렐라의 발
연어의 눈물
삶을 담는 그릇
오늘도 여행 중

세상에서 가장 아름다운 말

손바닥보다 더 큰 플라타너스 잎들이 갓길마다 수북하다. 바람에 뒹구는 숙연한 이 순간, 미련 한 잎 남기지 않는 다음 생의 시작을 위한 기다림이다. '다음'은 누군가의 절실함이 되고 누구에게 희망 자락일 것이다.

사랑

엄마라는 글자만 봐도 눈물이 쏟아진다. 세상에서 가장 아름다운 단어도 엄마이고 처연하게 느껴지게 하는 단어도 엄마다. 늘 그랬다.

"나는 딸이 있어서 이리 좋은데 니는 딸이 없어서 우짜겠노."

"엄니 무슨 걱정이요, 달달한 아들 있잖소."

"내가 여기 있어 봉께 며느리는 다 손님이여, 손도 안 잡아 주고 머리도 안 빗겨 준데이. 니 만키로 무좀 난 발가락 잡고 썩어가는 발톱을 누가 깎아 줄낀 데. 그래서 딸이 최고 아이가."

"아이고 엄니, 며느리도 딸이여, 잘하는 며느리도 많소."

초점 없는 눈인 줄만 알았는데 생각도 하고 느끼기도 한다. 그렇게 8년을 병실에서 나눈 동문서답 이야기는 산마루터기를 이룬다. 요동 힘든 몸짓에도 환갑 넘은 딸이 안쓰러운 그 눈빛에서 난 언제쯤 자유로워질까.

애환

베란다에 발을 걸치고 감금되었다고 소리 질러 경찰이 출동했다는 어머니 아파트 관리인 전화다. 손이 떨리고 가슴이 쿵 내려앉는다. 전화하니 되려 뭔 일 있냐며 묻는다. 혹시? 설마 아니겠지. 밤새 가슴을 쓸어내린 불길한 예감, 검사에서 두려워하던 알츠하이머 초기증세란다. 우리 엄마가 왜? 믿을 수 없어 병원 의자에 넋 놓고 앉았다. 당신이 겪어야 할 앞날은 모르고 따끈한 감자탕을 먹잔다. 해풍처럼 몰려드는 어지럼증을 뒤로하고 이 상황에 정신 차려야 한다.

당혹스러운 오남매는 걱정을 하다가 부양 문제가 나오자

다들 맏이인 나만 쳐다본다. 드라마에서나 보던 현실 한 장면, 뚜렷한 방도가 없다는 것을 실감케 한다. 우리 집으로 모셨다. 망상, 환청에서 정신이 돌아오면 온순한 아이가 되니 그나마 다행이다. 혼자서는 어디든 갈 수 없음이 안타까워 시간만 나면 함께 여행을 다녔다. 꽃구경을 나섰고 계곡물에 발 담그며 매미 소리도 들었다. 후일 기억할 수 없을지라도 삶의 즐거움과 추억을 안기고 싶었다.

"내 평생 늘그막에 호강하는구나. 고맙다. 우리 딸."

큰딸이 보살펴준다는 사실에 안심하는 듯하다. 아웅다웅 4년, 힘들 때마다 자식이라는 책임감으로 견뎠다. 어머니에게 줄 수 있는 마지막 선물이리라 생각했다.

윤회

어느 겨울, 일어나보니 침대와 이불, 방바닥에는 오물로 범벅이다. 눈만 껌벅이고 미동도 없는 어머니를 대학병원에서는 급성 패혈증이라 한다. 보름이 지나자 몸은 회복되는데 치매증세가 심해져 소리 지르는 어머니와 밤낮으로 씨름을 한다. 일반병동이라 다른 환자의 눈치가 보였다. 아무도 오지 않는 형제들, 어디에도 하소연할 곳이 없어 숨이 막혔다. 내게 왜 이 가혹한 시련을 주는 걸까. 유리창 너머 흩날리는 눈조차 야속하다.

점차 나를 알아보지 못하고 거동도 불편해져 간다. 어머니의 남은 생은 내가 모시겠노라 장담했지만 감당 안 되는 영육은 지치고 황폐해간다. 이런 상황을 모른 척하는 동생들이 미워지고 삶조차 회의적이다. 내가 살기 위해서라도 이제 결심해야 한다.

요양병원으로 가는 날, 어머니는 아무것도 묻지 않았다. 예약해 둔 병실에 어머니를 누이고 도망치듯 나왔다. 옷과 소지품을 안고 오는데 그날따라 펑펑 쏟아지는 함박눈에 온몸이 휘청거린다. 어머니 문갑 서랍 구석에서 손수건에 쌓인 수면제 한 꾸러미를 발견했다. 정신이 돌아올 때면 무언가 대비했던 것 같다. 하나씩 모을 때마다, 차마 입에 넣을 수 없던 약을 보면서 억장이 무너지고 마음은 얼마나 아팠을까. 먹먹하고 허탈한 심경이 뒤엉켜 빈방에서 목 놓아 울었다.

어머니의 시간이 가슴 시리다. 생의 어디쯤 머물러있을까. 희미한 미소와 따뜻한 체온이 전해지면, 병실 문을 나서는 발걸음은 아직도 천근이다. 나이 들면 눈앞의 현실들이 미래의 나인지도 모른다. 언제일지 모르지만 내 곁을 떠날 때는 행복한 기억만으로 곱게 가시기를 소원한다. 병실 입구에 서 있는 나에게 우리 딸 왔다고 손짓하는 좀 더 나은 모습이기를 바라면서.

인연

깊고 질긴 인연의 끈으로 엮여 있던 게 어머니다. 철없던 시절, 검불에서 벗어나 나대로 살란다고 악을 썼다. 남편처럼 친구처럼 의지하던 붉은 오랏줄이 끔찍해 도망치고 싶던 순간도 있었다. 그러지를 못했다. 맏이라는 단어에서 홀가분하지 못하고 들풀 같은 어머니의 일생이 가여워서다.

자식 앞에서는 강한 모성애로 살아왔을 거지만 외로운 인생길을 바라볼 때마다 저릿해 옴은 엄마이기 전 여자이기 때문이리라.

떠나가면 엄마와 딸의 숙명적 굴레에서 당연히 가벼워질 줄 알았다. 그렇지 않았다. 관념처럼 밀려드는 형상에서 벗어나지 못하고 영정 사진조차 치우지 못한 방에서 매 순간 만난다.

두 번째 맞은 어버이날, 꽃 한 송이 앞에 두고 남겨진 이야기로 산마루를 넘는다. 나에게서 불현듯이 보이는 어머니 모습, 긴 세월 묻어있던 진한 흔적이 아직도 내 곁에 머물러있음이다.

어머니 그늘, 그곳은 안식이고 사랑이었음을 지나고 나니 다 그리움이다.

봄밤의 서정

검은 토끼가 이끄는 2023년 계묘년이 시작되었다. 보신각 제야의 종소리가 마지막 울려 퍼지면 어김없이 전화가 온다. 멀리 여행지에 있어도 한결같이 변함없다.

방송에서 카운트다운을 한다. 5, 4, 3, 2, 1, 땡

“새해 복 많이 받으시고 항상 건강하세요.”

“너희도 지난해 수고 많았다. 올 한해도 무탈하고 건강해라.”

새해를 열면서 자식과의 첫 덕담을 나누는 소중하고 귀한 시간이다. 해마다 비슷한 말이지만 복을 받고 소원을 이루라는 아름다운 풍습이다. 집안 어른들이 살아계실 때는 진급을 하라든지, 무해 무탈하라는 덕담을 해주었다. 그 말이 형식

적이라 하더라도 한해 잘 버틸 수 있는 든든한 믿음이 있었다. 이제는 내가 덕담을 하는 위치가 되고 보니 그 소중한 말들이 그리워진다.

나도 복을 듬뿍 받아 건강했으면 좋겠다. 검은 범해 마지막 12월, 그것도 크리스마스이브 날 119에 실리어 응급실 신세를 졌다. 달려온 관리소장 가족의 오붓한 시간을 빼앗고, 애들 이브 모임도 망쳤다. 본의 아니게 민폐를 끼치면서 한 해 마무리를 씁쓰레하게 마감했다. 병원 천장을 바라보며 건강한 삶이 축복이라는 것을 깨닫고 이제라도 나를 챙기자 다짐했다.

다사다난했던 지난 두 해를 돌아본다. 어머니를 보낸 빈자리가 너무 크다, 이 나이가 되어도 망망대해 돛단배에 홀로 앉아있는 듯 허전하다. 낡은 건물을 허물고 새로 건축을 시작한 일도 나로선 대단한 용기가 필요했다. 예상 없던 철강회사의 파업과 코로나 발생으로 철근생산이 멈추면서 가격이 배로 뛰어도 구하기 힘들었다. 자재, 인건비, 은행 금리까지 덩달아 오르는 악재가 겹쳤다. 완공날짜에 차질이 생기지 않게 건축 내내 초조와 긴장을 늦출 수 없었다.

우여곡절 끝에 완공하고 마무리하느라 정신없던 와중에 글 몇 편이 문예지에 실린 기쁨도 있다. 글쓰기를 공유하고 감성을 나누며 따스하게 위안받을 수 있는 글 벗의 동행이 있어 감사하다.

새날의 설렘은 어느새 시들해가고 굳은 다짐도 잔설 녹듯 하다. 설날이 엊그제 같은데 입춘도 지나고 겨울잠에서 깨어난 개구리가 알을 낳는다는 경칩도 지났다. 땅 밑에서 잠자던 만물이 스멀스멀 기지개를 켜고 슬며시 고개를 내민다. 밭두렁 위로 담상담상 돋은 쑥 캐어 범벅 만들고, 냉이된장국 서너 번 끓이는 사이 서슴없이 봄날은 저만치 가고 있다. 벚꽃잎이 흩날리며 내 머리 위로 내린다. 가는 시간 붙잡아 둘 재간이 있겠는가. 내가 내려야 할 종착역조차 예견할 수 없는 것이 인생 여행길이다.

이즈음 길을 걷다가도 유달리 헛헛함이 와 닿을 때면 삶의 의미를 자꾸 들추게 된다. 감격하는 마음도 웃음도 인색해지고 남은 삶을 무엇으로 채울까, 조급증만 생긴다. 자라목 되어 움츠러들고 자신감도 예전 같지 않다. 얼굴 형태마저 낯설어가는 이런 내가 영 마음에 들지 않는다. 바람결 풍경소리조차 애잔하게 들린다. 사랑하던 사람들이 떠난 깊은 흔적이 내 가슴 안에 새겨져 있다. 달빛 사이로 그리운 봄밤이 내 마음 한줄기 쓸쓸함을 남기며 스쳐 지나간다.

검은 토끼의 다정한 덕담이 지치고 풀죽은 내 어깨를 감싼다.

산다는 것은 자신과 무언의 약속이다. 세월 탓으로 돌리지 말고 남은 삶 조각들을 잘 갈무리하여 낭비 없이 마름질하라 한다. 그렇지. 살아온 경험으로 본다면 인생이 별것인가. 그동안 잘 살아온 표창장이라 여긴다면 삶의 내 나이테가 한 줄 더 늘어나는 것이 대수일까.

영특한 토끼의 지혜를 빌려 삶에 게으름 피지 않으며 분수 지키는 겸손한 해를 보내리라. 기다란 귀를 쫑긋 세우고 유익한 강의와 전시회를 찾아 마음의 곳간도 채워야겠다. 아름다운 것만 느끼고 밝은 생각을 숙성시키면서 한 권의 수필집이 완성되는 기쁨도 가져보자.

나를 위한 담금질을 하려니 두서없이 마음만 바쁘다. 서성거리다가 눈 맞춤하기도 전에 다른 옹달샘을 찾아 휑하니 사라지는 건 설마 아니겠지.

봄빛 참 따스하다. 한해 잘 살았노라 그랬으면 좋겠다.

오늘도 편의점 간다

《편의점 인간》 작가 무라타 사야카

우리는 편한 세상에 살고 있다. 편의점에 가면 짧은 시간에 배고픔을 해결한다. 급한 생활용품들을 구할 수 있는 24시간 혜택도 있다. 그래서 기다림이 없어진다. 기다림이 없는 세상에는 참는 것도 부족하다. 그러다 보면 성질이 급해지고 이해가 부족해져 다툼이 쉽게 일어난다.

밥 먹는 정을 나누는 아름다운 세상인데 그곳에서 대충 먹는 것을 보고 편의점이 삭막하다고 생각했다. 편의점 때문에 점점 그렇게 되어가는 게 아닌가 느껴졌다. 사실 나는 그곳을 이용한 적이 그리 없다.

어느 날 저녁, 집으로 가는 중이었다. 학원을 끝낸 학생들이 편의점에서 아이스크림을 먹고 있었는데 얼굴에는 웃음이 가득하다. 한 젊은이는 혼자 의자에 앉아 땅콩 몇 점 놓고 간단하게 맥주를 마시면서, 적은 돈으로 짧은 시간에 외로움을 즐기고 있는 것을 보았다. 산책을 마친 노부부가 생수로 땀을 식히면서 오순도순 다정하게 대화한다. 그날 밤 그곳에서 내가 본 사람들은 모두가 행복해 보였다.

편의점은 소통의 공간을 주고 있었다. 야외테이블은 삶에 지쳐있는 누군가의 휴식처가 되어주고, 인생을 나누는 대화의 장소가 되기도 한다. 24시 어느 시간에 가도 친절하게 편의를 제공받는 삶의 소소한 기쁨을 누리게 한다. 삭막하다고만 느낀 건 단면만 보았던 내 편견이었다.

편의점에서 일할 때만큼은 당당하게 생존하는 한 인간의 삶이 있다. 같은 편의점에서 18년째 알바를 하는 36살 독신녀인 후루쿠라 게이코 이야기다. 편의점에서 20년간 아르바이트를 해 온 《편의점 인간》 작가가 자신의 경험을 바탕으로 쓴 소설 속 주인공이다.

타인의 생각과 감정에 공감할 필요성을 느끼지 못하는 후루쿠라 게이코를 가족과 친구들은 사회 부적응자로 취급한다. 편의점에 알바생 시라하가 새로 왔다. 그는 잘못은 남 탓으로 변명하고 자기에게는 합리적 정체성을 주장한다. 결국 편의점에서 해고되어 헤매는 시라하에게 그녀는 동거를 제안한다. 오갈 데 없는 애완견을 데려와 모이를 주는 것에 불과하다고 단정한다. 혼자라는 남의 이목과 의식을 끌 필요가 없음을 위해서다. 이기적 발상이겠지만 나이 먹은 여자의 사생활을 쳐다보는 복잡한 시선을 피하고 싶었을 것이다.

시라하는 그녀에게 정상 인간의 가치를 주입 시키며 정규직 취업을 강요한다. 편의점을 그만두면서 무기력해지는 그녀는 자기 존재가 사회의 톱니바퀴에서 어긋난 이물질이라 여기며 삶에 갈등한다.

정규직 직장으로 면접 보러 가는 길, 우연히 들어간 편의점에서 진열대에 흩어져있는 상품을 보고는 무의식에서 정리 정돈을 한다. 일 처리에 능숙하게 단련되어있는 자신을 발견하면서 자기가 무엇을 해야 할지 뚜렷하게 확신한다. 편의점 점원일 때 완벽해지는 자신을 깨닫는다. 이제 사회가 말하는 규칙을 따를 필요가 없어졌다. 시라하와 동거할 목적이 없어져 당당하게 이별을 고한다. 그녀는 선택당하는 것을 포기하고 자기가 선택한 곳에서 자유를 누린다.

이 책은 정상과 비정상의 기준에 대해서 말하고 있다.

내가 바라본 그녀는 타인과 적당한 거리를 두며, 자신만의 세계에 갇히지 않는다. 편의점 점원 일을 완벽하게 하고, 알바생에게 업무를 가르쳐 줄 때 관리자의 말씨도 따라 하면서 자신의 감정에 솔직하다. 내 일상도 보통 인간이 되기 위해 노력한다. 정해진 시간표 안에서 규칙대로 살아가면서 사회와 타협하고 모방하고 흉내 내며 보통 인간인 척 살아가고 있다.

나는 정상이며 그녀는 비정상인가?

액자 속에서 살아오던 내 삶이 그녀보다 얼마나 특별할까. 나 역시 익숙한 것을 좋아하고 새로움에 낯설어하고 불편하다. 편의점 안에서의 그녀의 삶은 불행하지 않다. 그녀를 비정상으로 보는 것, 이 또한 편견일 뿐이라 말하고 싶다. 인생 잣대에 완벽한 정답이 있을까.

인간은 삶을 선택당하고 선택하면서 살아간다. 정직원이 되는 회사를 선택하지 않는 것, 나이가 되면 결혼하는 삶에서 비혼을 선언할 권리, 혼전 동거나 자녀를 갖지 않겠다는 '차일드 프리' 왕성하게 일할 30대에 은퇴하여 자유로운 삶을 즐기려는 '파이어' (경제적 독립, 조기 은퇴)들이 생겨나고 있다. 변화의 물결은 빠르게 흐른다. 관습에 맞추어 보편적 삶을 살아야만 보통 인간에 합류할 수 있다는 것에서 좀 더 넓고 자유로운 관점으로 바라볼 필요가 있지 않을까 싶다.

편의점에 모여든 그들은 그곳에서 사람을 기다리고 사랑을 기다리며 잠깐이라도 숨 쉴 수 있는 공간을 원하고 있음을. 후

루쿠라 게이코, 그녀는 눈치채었을 것이다. 하여 편의점 알바로 사는 것에 자부심을 느낄지도 모른다. 오늘도 나는 24시 편의점에 간다. 늦은 밤 갑자기 리모컨 밧데리가 멈추어 섰다.

아름다운 선택

영화 '미 비포 유'〈Me Before You〉에서 '인생은 한 번뿐이다. 최대한 열심히 사는 게 삶에 대한 의무이다'라는 명대사를 남긴다. 그러면서 '저는 이만 죽어도 되겠어요' 스스로 죽을 권리인 인간 존엄에 대해 말하고 있다.

귀족 가문의 장래 유망한 윌은 불의의 사고로 전신마비가 된다. 6개월 계약간병인으로 온 루이자를 사랑하게 되지만 자신의 무능함에 절망하는 그는 죽음을 계획한다. 그녀의 사랑으로도 생각을 바꾸지 못한다. 연인을 진정으로 배려하고, 서로의 불행을 자초하지 않으려는 그의 단호함. 결국 두 사람은 남은 시간을 서로에게 아름다운 기억으로 남긴 후 스위스로 가서 원은 안락사로 생을 마감한다. 그는 자신의 삶을 스스로 선택하여 영원한 안식을 얻는다. 주변에서 살인이라며 비난하지만 그 어떤 것도 할 수 없는 삶은 이미 죽은 거나 다름없다고 말한다.

영화가 결코 가볍지도 홀가분하지도 않다. 어떠한 결론도 말할 수 없는 뿌연 안개 낀 화면 앞에서 난 그저 먹먹하다. 사랑과 삶의 의미에 대해 고민하게 한다.

2018년 연명延命의료결정법이 시행되었다.

회생 가능성이 없는 환자가 사망의 단계에 처했을 때, 심폐소생술, 인공호흡기 착용, 항암제 투여 등을 거부할 수 있다. 무의미한 연명치료를 중단하고 자연적인 죽음을 받아들이는 것이다. 존엄사는 치료가 힘든 환자가 인간으로서 최소한의 품위를 지키면서 죽을 수 있게 해준다. 허나 무조건적 존엄사는 인정되지 않는다. 윤리적으로 반대하는 사람의 외침도 만만치 않고 의견도 분분하다.

우리나라는 안락사를 살인으로 인정한다. 살아날 가망이 없는 환자의 고통을 덜어주기 위한 인공적 방법은 의도된 죽음이라 보기 때문이다. 국회에 조력 존엄사법이 발의되었지만 좀 더 세심한 사회적 논점으로 계류 중이라 알고 있다. 의술의 힘으로 억지 수명을 늘려서 사는 게 아니라 죽을 때까지 버티게 하는 것이 과연 옳은 건지. 이제는 다른 시각에서 안락사를 바라볼 필요가 있지 않을까 싶다.

치매인 어머니는 잠깐 정신이 들 때면 고통 없이 가게 해달라고 기도한다. 자는 듯이 곱게 떠나는 삶, 그 또한 쉽지 않다. 어머니 서랍에서 발견한 수면제 한 꾸러미. 당신의 비참함에 대비했겠지만 차마 목숨 줄을 끊지 못했던 고뇌의 시간이 가슴 저민다. 병원에서 생명줄로 힘겹게 삶을 이어 가지만 당신의 존재조차 느끼지 못한다.

영, 육의 고통에 시달려도 죽음을 선택하기가 쉽지 않지만 어두운 터널의 끝이 보이지 않는다면 삶을 스스로 놓아버리는 지경에 이를 것이다. 오랜 시간 치매 부인을 돌보다가 삶의 고단함을 견디지 못한 남편도 병이 들었다. 더는 버티기 힘든 남편은 서로를 등짐으로 묶고 함께 한강으로 투신했다는 뉴스를 봤다. 부부가 목숨을 버리기로 한 결심까지 숨이 차는 절박한 심경, 그저 흘러버릴 예삿일은 아니다.

미래의 일을 알 수 없다. 내가, 너 가, 우리가 될 수 있다. 모두가 관심을 가져야 할 사회적 문제인 것은 확실하지만 현실은 그렇지 못한 게 안타까울 뿐이다.

나도 죽음에 대해 생각해 볼 나이가 되어 간다. 깊게 고심하거나 두려운 적은 없지만, 어떻게 그를 맞이할 것 인가에 대해선 준비하는 마음을 가지지 않을 수 없다. 영원한 생은 없듯이 죽는다는 것은 피할 수도 거부할 수도 없는 진리다. 그 누구도 예외는 없다. 죽음 또한 나의 것이며 일어나는 하나의 사건이다. 삶의 종착지에 이르게 될 때 마지막을 어떻게 해야 할 것인가. 친구들과 관심사로 이야기하지만 결국 담론에 그치고 만다. 탄생과 달리 죽음은 예약이 없기 때문이 아닐까.

나 역시 살아생전 맺은 인연에게 안녕을 고하며 아름답게 삶을 마무리하는 웰다잉(well dying)을 맞고 싶다. 스위스행 비행기라도 타게 될지 앞일은 장담할 수 없다. 좋은 죽음이란 말도 어불성설이다. 그럼에도 한 번쯤 현실을 직시하고 삶의 진정한 가치는 무엇일까 진지하게 생각해보게 한다.

도리깨질

종친 모임에 참석하는 할아버지 따라 시골 친척 집에 갔다. 대문에 들어서니 마당이 분주하다. 집 한 벽에 서 있는 잘 말려둔 낟가리 묶음을 남자아이가 일렬로 사열하듯 세우는 작업을 한다. 커다랗고 네모난 누런 멍석 위로 묶음 일부가 밑둥치를 베인 채 마당 가운데 나란히 펼쳐져 있다.

낟가리 위로 기다란 장대질을 하는 두 사람이 보인다.

한사람이 옹헤야 하니 마주 보는 이는 엥헤야인지, 응헤야인지 받아치는 소리가 무척이나 명쾌하고 절제 있다. 내리칠 때마다 도리깨 끝부분에 달린 여러 개의 작은 가지가 부드럽게 나선형으로 휘어진다. 햇살에 반사된 그것은 신기루에 가깝다. 한치 어김없이 우수수 허물을 벗어내는 모습에서 전율

이 손끝으로 전해온다.

아지매 적삼 사이로 방울져 흘러내리던 땀은 어느새 등줄기까지 물기가 배어 촉촉하다. 목에 건 수건으로 얼굴을 쓱 문지르는 아재의 다져진 팔뚝은 거무튀튀 하다못해 검붉게 빛난다.

규칙적인 음률의 이음새에 넋이 나간 듯 바라보는데 누가 등을 툭 건드린다. 농사꾼 집안에서 흙냄새를 맡고 자란 서너 아래로 보이는 육촌네 아이다. 나와는 팔촌이 되는 셈이다. 도심서 자라 책에서나 볏단을 본 게 전부인 내가 신기하고 재밌나 보다. 도리깨질로 들깨를 털고 있음을 알았다. 들깨를 손바닥에 한 줌 놓고 들기름과 가루가 된다며 진심으로 설명하는 게 영락없는 작은 농부다.

털린 깨를 키로 까불이고 채로 흔들어 티끌을 걸러내는 반복적인 작업은 오랜 세월 내려오던 삶의 지혜일 터다. 탁탁 구령에 맞추던 타작 소리는 언젠가는 아스라한 전설이 되고 그 자리는 탈곡기가 대신하여 농부의 땀을 덜어줄 것이다. 부검지가 이마에서 코끝으로 스치며 매운 내음을 풍긴다.

도리깨질을 끝낸 들깨 헛가지를 아궁이에 집어넣었다.

부지깽이로 다독일 때마다 불길을 일으키며 이내 활활 타오른다. 헛가지가 타면서 달려있던 들깨 껍질이 타다닥 꽃망울 터트리듯이 양 사방 튀어나온다. 벌건 불꽃 사이로 희미한 환영과 마주친다.

벗어나지도 못하면서 현실에서 탈피하는 꿈만 꾸며 안달하는 내 얼굴이다. 올망졸망한 동생들, 누군가에게는 부모에게서 받은 선물 같다는 형제라지만 그때의 나에겐 내 삶을 가로막는 굴레 같았다. 가장의 멍에를 짊어진 엄마에 대한 안스러움, 그 속에서 부대끼던 끝 모를 방황이 나를 지치게 한다. 사춘기의 심한 몸살을 앓는 중이다.

들깨 단의 허물을 훨훨 벗겨내던 도리깨질이 눈에 선하다. 들깨는 꽃을 피우고 열매를 맺고 가을볕 건들바람에 서걱거릴 때면, 주저 없이 자기 운명을 내려놓을 줄 안다. 허물을 벗어 던진 들깨의 마음. 소임을 다한 후 홀가분한 가벼움. 불티가 하나, 둘 조용히 내려앉는다. 이것도 타고난 내 운명이려니. 난 빨리 어른이 되고 싶었다.

저녁상을 물린 친척들은 마루에 모여 앉았다. 막걸리로 주거니 받거니 하면서 조상 묘지 공사와 농사 얘기를 나눈다.

"올해는 농사 재미 좀 보겠는가." 할아버지 목소리가 들린다.

아재는 타고난 성실한 농사꾼이다. 땡볕에서 묵묵히 낫질하고 털어내는 억척스러운 근성이 그의 등판에 보인다. 농사는 노력과 희생으로 자기를 지켜내던 농군에게 기쁨과 성취

감을 안겨준다. 나뭇단의 퍼석거림은 노동의 대가요, 땀의 결실이며 삶의 희망이리라.

아이의 모습에서도 수확의 뿌듯함이 느껴진다. 농사꾼의 자식으로 태어난 운명에 순응하는 걸까. 대물림이 당연하듯 받아들이는 걸까. 삶에 푸념하고 저항하는 나와 달리 초롱한 눈이 참 편안해 보인다. 주어진 일에 불평 없이 감사할 줄 아는 모습에서 겸손해져야 하는 나를 본다.

아이는 마당에 멍석자리를 펴고 위로 도톰한 천으로 깔았다. 벌레를 쫓아내는 향불 피우는 행동이 아주 능숙하다. 멍석에서 구수한 짚단 냄새가 나고 향불에서는 은은하고 향긋한 쑥 향이 짙다. 촘촘한 별빛의 미소가 눈부시어 스르르 눈꺼풀이 내려앉는다.

집으로 돌아온 후 내 사춘기는 조금 가붓해졌다.

신데렐라의 발

걷기는 유일한 운동으로 온전히 나만의 사색 시간이다.

한강 변을 끼고 마포대교까지 걷거나 여의도 생태공원을 지나 성모병원까지 걷는 코스를 즐긴다. 이 정도 거리면 하루 운동량으로 너끈하다.

나붓거리는 잎 내음 사이로 기분 좋게 걷는데 느닷없이 발바닥이 저려온다. 무리했나 싶어 며칠 쉬어도 찌릿찌릿 전기 오는 통증에 '악' 소리가 절로 난다. 검사 결과 오른발은 족저 근막염, 왼쪽 발은 지간 신경증, 병명조차 생소하다. 지간 신경증은 셋째 넷째 발가락사이 염증이 신경을 누르는 증세다. 심하면 염증 제거 수술을 해야 하는데 마비증세가 올 수 있다 한다. 족저 근막염은 충격파나 물리치료하고 아프면 쉬는 것 외 달리 방법이 없어 보인다. 딱히 이유라면 발 관리에 소홀했거나 노환이란다.

발등에 주사 한 대 맞고 절뚝거리며 병원 모퉁이를 돌아서는데 왈칵 뜨거운 게 치솟는다. 병명 하나 생길 때마다 나이테 생장점을 봉해두고 싶다.

어머니가 다리 저림이 심해 신음할 때다. 저림이 뭐냐며 짜증 내던 딸을 보며 '니도 나이 들어 보그레이' 하던 그 서러웠을 마음이 이제야 느껴진다. 아픔을 하소연하다 보니 같은 사례가 생각보다 많은데 치료법이 영 마땅찮다. 의학이 발달된 요즘 시대에 참고 조절하며 팔자려니 살아간다니 인간만사 새옹지마다.

빙하기 때 추위를 견디기 위해 몸을 가리고 발 보호를 위해 만든 것이 신발이다. 표준체격이 커지니 다양하고 멋진 큰 신발이 많다. 예전에는 예쁜 신발 치수는 대체로 작게 나왔다. 맘에 드는 신발이 보이면 탐이 나 신발에 발을 맞추었다. 큰 발이 꽉 끼어도 모른 척하고 높은 굽에 발가락을 움켜 쑤셔 넣었다. 집에 오면 뒤꿈치가 까져 피가 나고 발가락마다 물집이 맺혀있다.

약을 바르고 밴드를 부쳐 다음날 또 신기를 반복했다. 여기서 끝나지 않고 발가락 옆으로 우묵하게 튀어나오는 몰골로 변형되어 갔다. 아픔에 일그러지면서도 스멀거리는 욕망의 한계는 끝이 없다. 내 신발만 바라보며 부러워할 사람이 얼마나 된다고. 허영의 만용이다.

건강하리라는 자만심에 마냥 빠져있다가 이처럼 일을 겪고 나서야 뒤늦게 후회막급이다. 잘 섬기지 않고 우매한 짓을 해 온 대가를 지금 치르고 있으니 말이다.

'세상에 공짜는 없어. 주는 만큼 받는 거야' 발의 매서운 질책에도 할 말 없다. 고통을 통해 충분히 벌을 받고 있다며 뒤늦은 용서를 구할 수밖에.

아침이며 세상 나갈 채비에 가장 분주한 것이 발과 신발이다. 그들과 세상을 함께하면서 내 삶의 희로애락을 관장하여 자유로운 일상에서의 즐거움과 기쁨을 누리게 해준다. 몸을 지탱시켜주며 건강한 내 존재를 느끼게 한다. 동서고금 막론하고 투정 한마디 없이 나를 보듬어 주는 이런 고마운 벗이 어디 있겠는가. 자연 찾아 산에 오를 때면 든든한 버팀목이 되어주는 등산화, 새로움을 찾아 길 떠나던 여행길에 동행자로 곁을 지키고 행복을 나누던 운동화, 모임에서 품격을 아낌없이 올려주던 뾰족구두, 수도 없이 나를 스치고 간다.

허름한 신발조차 없으면 발은 움직일 수 없고 발이 고장 나면 멋진 신발도 무용지물이다. 이러니 둘의 인연은 밥과 찌개보다 끈끈하고 꽃보다 아름다운 관계가 아니겠는가.

살아가면서 여러 신발을 신어 보았다. 아무리 비싸도 내 마음이 편하고 걷기 편하면 최고다. 살면서 여러 가지를 해 보지만 내 삶도 결국은 같다. 마치 우리 인생과 같다. 신데렐라 언니처럼 자기에게 맞지 않는 신발을 신으려다 기어이 들통 난 것처럼 삶도 그렇지 않을까. 멋지고 싶은 만큼 고통이 따르고, 욕망을 채우자면 고통을 감수해야 하는 것이 순리인 것 같다.

인생도 마찬가지다. 곁에 있어 주는 존재의 고마움은 잊고 살다가, 내가 아쉬울 때 돌아보면 이미 떠난 후일 때가 많았다. 소중함을 잊고 무심히 지나친 것에 후회하고 다시 마음을 다잡기를 부지기수다.

인간관계 또한 지키고 공들인 만큼 내가 행복해진다, 라고 말할 수 있으면 오죽 좋을까마는 삶은 그리 쉽지는 않다. 어쩌면 나는 나중에 마음의 보상을 받고 싶었는지도 모른다. 하지만 이제는 누군가에게 혹은 무언가에 공을 들인 것 자체를 다 잊어버리고, 그저 공을 들이고 싶었던 내 마음만 소중히 간직한 채 살아가고 싶다.

내 발에 맞는 편안한 신발처럼 나만의 삶을 찾아내어….

연어의 눈물

한강 변을 따라 걷다 보면 한강과 안양천이 만나는 합수부가 있다.

여러 종류 운동기구가 설치되어 있는 소박한 쉼터에는 자전거 타는 팀과 산책 나온 사람들로 늘 북적인다. 강을 바라보며 사색하는 사람, 소곤거리며 운동을 즐기는 여인들, 기다란 낚싯대를 걸어두고 고개를 뒤로 젖힌 채 끄덕이는 낚시꾼. 이곳에 오면 사람 사는 풍경들로 이채롭다.

강 위를 달리는 보트에서 내뿜는 하얀 물거품, 매달린 수상스키회오리, 햇살을 받아 퍼지는 윤슬의 반짝임, 함께 공존하는 자연의 모습이다.

의자에 앉아있노라면 마주 보는 두 개의 산인 난지도를 만난다. 강 건너 난지도 공원은 언제 보아도 평화롭고 고요하다. 조선 시대에는 꽃과 풀이 많다고 하여 중초도, 혹은 오리가 물에 떠 있는 모습이라고 해서 오리섬이라 불렸다. 언제부터 난지도라는 지명이 생겼는지 정확히 알 수는 없지만 난지는 '난초와 지초'를 아우르는 말로 지극히 아름답다는 뜻이다.

이 아름다운 섬은 한강 변에 둑을 쌓고 쓰레기 매립장을 만든 1977년에 육지가 되었다. 이후 난초라는 이미지와는 거리가 먼 쓰레기 야적장으로 바뀌었다. 1993년 2월 매립장이 완전히 폐쇄될 때까지 서울 시민이 쏟아내는 각종 오물을 받아야 했다. 아파트 단지로 개발되면서 그 쓰레기까지 모두 수용했으니 지독한 악취를 어찌 견뎠을까. 꽃과 풀이 있던 아름다운 난지도는 쓰레기 9,200만 톤이 쌓인 높이 100미터짜리 작고 밋밋한 산 두 개로 변했다.

쓰레기 매립지는 1998년 한일월드컵대회 유치를 계기로 생태공원으로 개발했다. 차단벽을 설치하여 2억 톤 쓰레기물이 한강으로 흘러가는 것을 방지했으며, 쓰레기에서 나오는 가스는 주변 지역 에너지자원으로 재활용했다. 월드컵 공원으로 불리는 생태공원은 평화의 공원, 난지천공원, 난지한강공원, 노을공원, 하늘공원인 테마 공원으로 조성되어있다.

빽빽하게 우거진 녹 짙은 푸름, 계절의 변화를 즐기는 시민의 휴식처요, 자긍심이다. 작은 가지에서 생명을 버티려고 쓰레기를 자양분으로 섭취하면서 인간을 향해 무슨 생각을 하였을까. 뿌리를 내리고 숲이 되기까지 고통 속에서 원망은 하지 않았는지. 버티고 견뎌내었기에 지금의 대견한 모습으로 거듭난 나무의 굳건함을 보면서 묵묵히, 인내로 얻어진 인생의 모습을 돌아보게 한다.

이곳 경기장에서 흥분의 도가니가 되게 했던 월드컵 4강 신화, 나에게도 그날의 감동이 생생하게 기억되어 있다.

시원스레 뻗어있는 21번째 완공된 월드컵대교. 다리를 비추는 조명등 불빛이 점점 선명하다. 난지도 숲 사이로 보이는 고운 저물녘, 볼 스치는 바람이 싱그럽다.

토픽으로 방송된 자연 생태계의 교란에 대한 영상을 보았다.

컬럼비아강에서 태어난 연어들은 부화 후 바다로 갔다가 산란기 때 태어났던 곳으로 돌아와 알을 낳는다. 산란을 위해 강을 거슬러 오르던 홍연어들이 뜨거운 수온에 견디지 못하고 죽어가는 모습이 보인다. 질병과 스트레스로 알을 낳지 못하고 상처투성인 몸이 피로 얼룩진 채로 헤엄치는 연어의 모성애에 눈시울이 붉어진다. 불곰, 족제비 등 육지 동물의 주된 먹이인 연어의 대량폐사가 계속된다면 지역 생태계마저 송두리째 흔들릴 수 있을 터다.

바다거북이 등이 금이 가거나 깨어져 잠수 능력이 상실되면 먹이를 구하지 못해 영양실조가 된다. 이 현상을 '부포 증후군'이라 하는데 플라스틱 쓰레기로 인한 중독이다. 실제로 배변에서 플라스틱 빨대가 여러 개 나왔다. 환경을 외면한 인간의 오만과 독선에 아연 해지며 조화로운 공존이 간절하다.

화성 탐사 성공이 연일 토픽으로 나온다. 일론 머스크는 지구에서 인간이 살 수 없는 상황을 대비해 화성에 식민지를 건설하여 로켓을 통해 사람을 화성까지 운송하는 프로젝트를 추진하고 있다고 한다. 영화처럼 화성에서 푸른 식물이 자라고 어린이가 뛰어놀 환경이 언젠가 가능하지 않을까도 상상하면서 첨단과학의 힘이 두렵기도 하다. 그런 기술로 몸살을 앓고 있는 지구 환경 살리기 위한 노력이 더 효율적 아닐까 그런 생각을 해 본다.

생활 속 환경오염이 지구 온난화를 가져온다. 생태기의 변화로 계절의 정취마저 달라지고 있다. 단풍 계절에 폭설이 내리고, 겨울 진입에 폭염이 치솟으며 삶을 갈팡질팡하게 만든다. 기후 문제에서 모두가 자유로울 수 없다. 바다도 육지도 언제쯤이면 위기 상황에서 벗어나 평화롭게 살아갈 수 있을까. 연어의 눈물이 눈앞에 아른거린다.

삶을 담는 그릇

삶의 그릇에는 수많은 관계가 담아진다. 하루의 시작도 사람들과의 관계 속에서 이루어진다. 현관문을 나설 때 마주치는 옆집과의 눈인사부터 골목 가게 주인의 덤덤한 표정까지 일상이 만남에 둘려져 있다.

인간관계는 넓은 것 같으면서도 미세하고 촘촘한 거미줄처럼 서로 얽혀있다. 나 역시 마주하는 상대방의 수많은 인연 중 하나다. 태어나는 순간부터 내 의도와 상관없이 가족 형성의 일원이 되면서 부모가 정해지고 형제로 맺어진다.

동료나 친구, 연인과의 관계 적응에 지칠 때가 있다. 첫 직장에서 인정받고 싶었던 나의 노력은 지연, 학연 관계의 긴 터널에 갇혀 유대감 형성에 길을 잃었던 경험이 있다. 유독 지적질이 심하고 직설적인 친구는 위로의 말도 꼬아서 오히려 상대 마음을 아프게 하는 일이 빈번하다. 결국 한 친구를 모임에서 떠나게 했지만 정작 본인은 자기감정에 솔직하다고 말한다. 상처가 아물려면 긴 치유 시간이 필요하다.

관계는 수학 문제 풀듯 특별한 논리나 공식이 있다면 좋으련만. 본질의 좋고 그름보다는 진심에서 신뢰가 쌓여 지는 서로 간의 진정성이기에 더 어렵다. 그건 셈법이 아니라 마음으로 느껴지기 때문이다. 아무리 친해도 사람 마음 담기가 그리 쉽지 않다. 뿌리가 단단하게 내려져 쉽게 흔들리지 않고 잘 자랄 것 같은 식물도 이유 없이 시들해지듯. 오래 우려낸 국물이 진하고 구수해도 어느 순간 맛이 변하지 않으리라 장담할 수 있을까.

관계 맺음에 따라 인생이 좌우되기도 하지만 삶을 영위하는데는 불가분이다. 사회라는 테두리 안에서 살아가기에 무인도에 홀로 생활하지 않는 이상 관계를 지나칠 수 없다.

타인과의 관계는 나를 비추는 거울이다. 어떤 모습으로 바라보냐에 따라 맺음이 형성된다. 마찬가지로 상대방도 내 모습 내 행동을 관찰할 것이다. 가치관이 비슷하고 성격이나 좋아하는 선호도가 같다면 급속도로 좋은 만남이 이루어진다. 이런 형성이 쉽지만은 않다. 그래서 어릴 때 친구가 체면치레나 가식을 떨지 않아도 되는, 벽 없이 편하지만 가까울수록 관계 유지를 위한 배려는 잊지 않으려 늘 염두에 둔다.

산다는 것이 그리 면밀하게 꾸며져 있지 않아도 더불어 그렇게 삶을 이어왔다. 세월 탓인가, 몸과 마음에서 용량의 한계가 은연중 느껴진다. 여러 관계를 맺고 폭넓은 만남을 가지던 젊을 때와 다르다. 가까이할 이유가 없는 사람까지 머릿속에 넣어두면 힘이 빠진다. 언짢으면서도 불편한 관계를 계속 유지하거나 적당히 조절하려고 애쓰다 보면 삶에 지친다. 그러기에 만남의 폭이 줄어들어도 되도록 예전 알고 지내는 사람만 의존하게 되는 어쩔 수 없는 상황이 종종 생긴다. 상대를 이해하고 배려하는데도 내 에너지의 한계는 한정되어 있음이다.

'함께 서 있으라. 그러나 너무 가까이 서 있지는 말라'

칼릴 지브란의 시 한 구절에 나타나 있는 관계의 유연성에 공감이 간다. 힘들고 지칠 때 나를 외면하지 않을 사람은 얼마나 있을까. 삶에 아파할 때 내가 기도해 줄 수 있는 사람은 몇 명이나 될까. 부끄럽게도 선뜻 떠오르지 않는다. 그만큼 내 인간관계는 여물지 못하고 서툰 편이다 보니, 남과 쉽게 잘 사귀는 '너울가지' 성격이 종종 부럽다.

모든 관계가 향기롭고 달콤한 초콜릿 맛 같으면 좋으련만 인생 방식이 나와 전혀 다른 사람과의 만남은 쓴 약보다 더 씁쓰레하다. 사람과의 관계는 서로 간의 조화이기에 늘 조심스럽다. 조화롭지 못하면 내가 떠나거나 떠나보내야 하는 마음 비움이 필요하다. 좋은 관계로 이어가는 노력만큼 악연으로 만들지 않는 것이 더 중요함은 삭막해가는 이즈음 들어 강하게 와 닿는다.

'나에게 있어 남을 사람과 떠날 사람은 누구일까. 사람들이 떠나가는 길이 한때는 너무 두려워했었다. 그렇지만 참 고마운 일이 아닐 수 없다. 자연스레 걸러지는 것이다. 남을 사람과 떠날 사람이.'

어느 카페 벽에 붙어있었다. 내 마음 그릇에 담아온 그 구절, 비싼 커피 한 잔 값이 아깝지 않았다.

오늘도 여행 중

누군가 말한다. 내가 나로 살고 싶다면 여행을 떠나라고. 여행은 세상을 보면서 경험하는 새로움의 시작이다. 삶의 방향과 인생이 달라지기도 하고 여행지에서 만난 인연과 좋은 관계로 교류하기도 한다. 기후, 생활, 문화의 색다른 경험에 매료되어 가방을 끌고 다니다 보니 어느새 60여 개국이 되었다.

여행의 시초는 한비야 여행기에서다. 한비야는 여행에서 얻은 가장 큰 소득은 인생에 대한 깨달음이라 한다. 피부색이 달라도 인간에 대한 사랑은 같음을 강조한다. 내 여행은 뚜렷한 목적이나 사명감, 숭고하고 엄숙한 이유는 애초 없었다. 화면이나 책 속에 있는 모습을 직접 본다는 만족감과 우월감이었다.

여러 나라를 다녀보니 사람 사는 곳은 비슷하다. 태어나서 자라고 배우며 사랑하고 결혼하고 늙어간다. 삶을 즐기다 어느 순간 죽어가는 것이 대부분이다. 처음엔 피부색에 민감해선 듯 손을 잡을 수 없었다. 말이 통하지 않아도 생각과 삶이 다를 바 없음을 열 개국쯤 다닌 후에야 자연스러워졌다. 이제는 여행도 하나의 인생이란 생각이 든다. 그 안에 희로애락이 담긴 삶이 있기 때문이다.

원래 허약 체력인지라 외출보다 음악과 책을 벗 삼아 혼자 노는 법에 익숙한 집순이다. 그런 내가 답답한지 세상 구경하며 살라는 친구가 내민 책이 《걸어서 지구 세 바퀴》이다. 여행기는 관심이 없었는데 읽다 보니 묘하게 빠져들었다. 오대양 육대주의 대륙별로 되어있는 여행 시리즈를 공부하듯 섭렵했다. 나라마다 다른 삶도 호기심을 자극하지만 홀로 오지를 다니는 젊은 여자의 당당함이 깊이 와 닿았다. 집 밖의 여행이 낯선 나에겐 자극적이고 흥미로운 일이었다. 한 권의 책이 꿈을 주었다. 목표가 생기니 체력을 다지려 운동을 하게 되고 생활의 리듬감이 생겨났다. 60세까지 세계여행을 완성하는 것으로 버킷리스트 1호에 올렸다.

책에서 용기는 얻었지만 떠나기가 쉽지 않았다. 더구나 배낭여행은 어림없다. 심지어 가족여행도 일정 맞추기 쉽지 않다. 여행지를 선택하고도 번복되거나 사정으로 기회와 시기를 번번이 놓쳤다. 어렵사리 친구와 패키지 서유럽 여행을 결정하고 부푼 마음으로 출발 날만 기다렸다.

어째 이런 일이, 친구가 갑자기 시댁에 일이 생겨 계약금을 날릴 판이다. 며칠 고심 끝에 과감하게 나 홀로 가기로 마음먹었다. 아들은 공항까지 따라와서 태산 같은 걱정을 했다. 공항 라운지 만남의 장에는 의외로 혼자 온 사람이 일행 20명 중 6명이나 되어 안도감이 들었다. 그 여행 후 난 조금씩 단단해졌다.

그 일이 계기가 되어 혼자만의 여행이 익숙하고 편하다. 버스 두 좌석을 차지하여 여유롭게 짐도 놓고 창밖 풍경을 찬찬히 눈에 담으며 즐기는 여유가 있다. 낯선 곳의 새로움에 빠지다 보면 혼자여서 외로울 틈이 그리 없다. 여행 일정은 항상 빽빽하여 호텔로 돌아오면 다음 날 일정 준비하기도 빠듯하다.

여행 중 별별 일도 많다. 혼자만의 여행에서 룸메이트가 누구냐에 따라 천당과 지옥을 오간다. 일단 정해지면 바꾸기 쉽지 않다. 서유럽은 멋쟁이 40대 주부로서 명품 사재기로 분주했지만 궁합은 나쁘지 않았다. 한번은 나이도 같고 수더분하게 보이는 이와 짝꿍이 되었다. 기념사진 찍을 때도 위치, 포즈를 자기 취향에 맞추며, 보기와 달리 수다가 심해 돌아올 때까지 지옥 천에 빠진 기분이었다.

절친이라 소개하던 두 여인은 어느 순간 대화가 없다. 인천 공항 도착 날까지 냉랭한 모습에 안타까웠다. 일행끼리도 이해와 배려가 없으면 맘이 상하여 여행을 망치는 경우를 여러 번 보았다. 사람의 진면목은 장시간 여행해보면 비로소 보인다는 옛말, 전혀 틀리지 않다.

라면이 꿀맛이던 적이 있었다. 10여 년 전쯤 스위스 산악 열차를 타고 융프라우에 갔을 때다. 코스처럼 먹는다는 컵라면이 꽤 비싸다는 정보에 우리 일행은 미리 라면을 챙겨갔다. 아차, 뛰는 자 위로 나는 자가 있던가. 라면을 끓여주면 만원인데 뜨거운 물만은 7천원. 어마한 물값을 지불했지만 융프라우 정상에서 설원을 바라보며 호로록거리던 맛은 꿀맛이었다.

터키(튀르키예) 여행 때 카파토키아에서 열기구를 타기 위해 캄캄한 새벽에 호텔서 출발했다. 칼바람 사이로 차례를 기다리며 먹던 신라면의 매콤한 국물, 후식으로 나온 우리나라 믹스 커피의 달달한 맛이 최고라며 외국인이 손가락을 치켜세울 때 나라 사랑도 밖에서 더 감격적이다.

고흐가 즐기던 포룸 광장의 카페테라스에 앉아 별밤에 취해보는 잠깐의 여유로움, 뭉크의 그림〈절규〉에서 그의 고뇌와 마주해본다. 아이스크림의 달콤함을 목구멍으로 넘기는 순간〈로마의 휴일〉로 빠져든다. 새로움의 설렘, 타인과의 만남, 에피소드 하나까지도 가슴 뛰게 한다.

'아, 그때 그랬었지' 추억은 지루한 일상에서 잠깐 벗어나게 하고 누리고 사는 것에 감사해진다. 돌아올 집이 있고 기다려주는 가족이 있다는 소중함도 안다. 긴 여행의 피곤함에도 다른 여행지를 뒤적이는 나를 발견하고는 스스로 놀란다.

여행도 중독임이 분명하다.

서평

| 서평 |

박민재의 아름다운 서정

김우종
(덕성여대 명예교수, 평론가)

작가론

단 한 편의 작품이라도 그것은 그 작가를 떠나서 존재할 수 없다. 월명사月明師의 〈제망매가〉에서처럼 '어느 가을 이른 바람에 여기저기 흩어지는 나뭇잎' 하나하나는 모두 한 가지에 매달리고 한 뿌리에서 자라난 것이었듯이 수필 한 편 한 편은 그 작가 전체로부터 나오는 것이다. 박민재의 작품도 그 작가 전체로부터 나온 것이며 그것을 알고 그 작품을 논하는 것이 그 작가에 대한 예의다. 특히 작품 하나가 아닌 수십 편의 작품집이면 더욱 그렇다. 문학은 그 작가가 살아 온 시대를 떠나서 생각할 수 없다. 그것은 작가론이며 작가론은 박민재 론이기 때문에 작가의 모든 것을 알고 내면으로 파고 들어가야 평론가는 책임을 다하게 된다. 작가는 이 작품에서 지금은 어디쯤 와 있는지 밝히고 있다.

1. 갯벌의 슬프고 고달픈 풍경

석양 앞에 서 있는 것처럼 아름다우면서도 그 속에 등장하는 어머니상은 좀 서글프다. 〈어머니 바래가네〉는 아마도 이 수필집에서 어머니를 말하는 대표작이며 우리 문단 어디서나 박민재 작가를 돋보이게 할 수 있는 우수한 작품일 것이다. 작품 세계는 작자만의 개인의 고백적 수기가 아닌 이상 보편적 다수의 삶을 의미하게 된다. 섬세한 감성과 함께 저녁노을 이순(耳順)의 차분한 인생론이 보인다. 그것을 어머니를 통한 끝머리에서 어머니 또는 해녀의 삶은 여자로 살아온 작자 자신인 듯 암시하고 있다.

바닷가 갯벌의 이미지부터 그렇다. 바닷가 갯벌은 멀리 수평선이 보인다. 수평선은 무한하게 뻗어나간 공간이므로 영원성을 나타내고 그곳은 닿을 수 없고 알 수 없는 미지의 세계이므로 인간 자신이 얼마나 무력하고 허망한 존재인지를 실감하게 해주는 이미지가 된다. 갯벌은 그렇게 먼 곳에서 실려 오는 바람이 있고 냄새가 있고 출렁이는 바다의 속삭임이 있고 게와 조개와 망둥이들의 숨소리가 들려와서 우리의 감각을 자극한다. 그리고 남편을 잃고 자식들의 짐을 진 여인을 등장시킴으로 작자는 그 소재 자체로써 여자의 삶이 지닌 슬픔과 고달픔과 고독을 감각으로 전하고 있다. 떠나버린 남편을 생각하며 잠도 이루지 못하고 우두커니 앉아 있는 모습이 독자에게도 눈물을 흘리게 한다. 〈어머니 바래가네〉에 그려진 어머니의 모습이나 해녀들의 모습이 그렇다.

> 갯고랑 사이를 호미질하면서 정신없이 맴돌다가 해가 으스름해질 무렵 굽은 등을 펴보면 어느새 바자울 틈으로 물이 들어오고 있다. 가득 채운 바구니를 머리에 이기도 하고 허리춤에 매달아 갯벌 위로 끌고 오면서도 자식 생각으로 한없이 행복할 것이다. 운이 좋아 뻘대에 가득 담아 밀고 올 때면 이미 마음은 넉넉하고 풍요롭다. 온종일 채취한 싱싱한 해산물은 얼른 팔아야 제값을 받을 수 있다는 생각에 마음 급하여 힘든 것도 잠시 잊는다. (중략)
>
> 바다로 가는 바래길 위를 누군가 걸어가고 있다. 해녀나 어머니이기도, 아니면 나이기도 한.
>
> – 〈어머니 바래가네〉 중에서

이대로 본다면 작자는 여자들의 삶을 비관적으로 보고 있는 것 같다. 작자도 앞으로는 편히 쉬며 평화롭기를 바라지만 Amabile부터 산 넘고 물 건너온 삶은 잿빛이다. 그러나 이를 그려나가는 그림이 젊은 날의 섬세한 감성으로 그려지고 그 마지막 장은 노년의 센티멘탈리즘이다. 이것은 어머니의 고달픈 삶이 주는 슬픔과 고통을 극대화하기에 적절한 기법이다.

이 작품 속에 그려진 어머니가 작자 개인의 어머니일 뿐만 아니라 한국의 어머니로 보편화하고 확대해나간 어머니상이라면 여기서 그 주제를 슬픔과 고달픔으로 설정한 것은 적절한 판단이다. 그것이 우리 역사 속에서 만날 수 있는 우리의 보편적인 어머니상이기 때문이다. 이를 위해서 이 작품은 소재와 기법의 우수성을 나타낸다. 이와 함께 감상적 언어를 남발하지 않은 깔끔하고 간결한 문체로 언어예술의 품위를 높이 유지하고 있다.

2. 음악으로 말하는 반평생

〈나를 만나러 갑니다〉에서 작자가 말하는 '나'는 긍정적 삶의 의미를 지향한다. 박민재 작가는 음악으로 육십 평생을 말해주고 있다. 살아 온 자신의 모습을 음악적 기법의 용어로 비유해 나가고 있다. amabile alegro anamate 등에서 andante로 끝난다.

andante는 '쉬엄쉬엄 평화롭게'로서 60대 이후의 인생을 말한다. 유년기부터 여고 시절을 거치고 30대 40대를 지나가는 동안의 삶의 형태와 의미를 음악의 리듬에 비유한 것이 특이한 발상이다. 음악이 곧 나이의 이미지가 된다.

> 사랑이 오다가 멈추어 서고, 잘 버티고 있다가도 느닷없이 위태한 날도 있었다. 그래도 새롭게 꿈꿀 수 있는 젊음이 있어 아름답다. 다시 공부를 시작했다. 더 나은 '다음'이 손가락 사이로 새 나가지 않게 꽉 쥐었다. 새 직장을 선택하고 인연을 만나 금쪽같은 아들을 얻었다.
>
> 너무 애쓰지 않아도 인생은 숙명대로 흘러가는 물결 같다. 황금보다 귀한 시절, 미리 눈치챘다면 덜 움츠리고 젊음을 발산하는 도전적 삶을 살아보지 않았을까 싶다.
>
> – 〈나를 만나러 갑니다〉 중에서

이것은 20대가 되던 시기를 'animato : 흔들린 듯 생기 있게'로 비유한 부분이다. 사랑도 하고 직장도 처음으로 얻던 시기이니 100년쯤 생존연대를 잡더라도 그중에서 가장 생기발랄한 시기가 될 것이다. 그래서 박민재가 20대를 animato라 한 표현은 적절하다. 여자로서 사랑하는 남자를 만나고 귀여운 자식도 낳던 시기야말로 인생의 절정기가 아닌가? 새로운 세계를 향해서 최고 속도로 달리며 새 직장을 마련하던 이때를 '황금보다 귀한 시기'로 기억하고 '덜 움츠리고 젊음을 발산하는 도전적 삶을 살아보지 않았을까' 한 것은 그 시기를 매우 정확하게 요약해 나간 기록이 된다. 문장도 매우 깔끔하고 활달한 리듬을 유지하고 있다.

저녁노을이라며 쉬엄쉬엄 평화롭게라고 한 Andante다. 작자가 산 넘고 물 건너 온갖 형태로 숨 가쁘게 살아 온 후 조금쯤 몸과 마음의 안식을 취하며 앞을 보고 뒤도 돌아보는 시간대이다. 그렇게 되돌아보는 과거사를 떠오르게 한다. 인생을 이처럼 음악적 기법의 몇 단계로 나누고 단계별로 그 시기의 삶을 그려나간 것은 보기 드문 기법이다. 삶을 베토벤의 교향악처럼 시작하고 마무리하며 음악에 비유해서 전체를 하나의 아름다운 예술작품처럼 그려나간 기법이 우수하다.

3. 그리움의 서정

〈어머니 바래가네〉는 박민재의 많은 작품 중에서 대표적으로 우수한 작품이다. 그것은 슬프고 고달픈 어머니를 서정적인 감각으로 그려나간 작품이다. 이런 서정적 감각으로 어머니를 그리고 아버지를 그린 우수작은 〈봄 몸살〉과 〈재첩국 한 모금〉이다.〈봄 몸살〉에서 작자는 자기 어머니를 통해서 한국 어머니의 자식에 대한 애정을 서정적 호소력으로 짙게 그려낸다.

> 쳐진 입맛을 돌게 하던 갈치구이도 빠질 수 없다. 쌀뜨물에 담가 비린 맛이 가셔지면 칼등으로 비늘을 벗겨준 뒤 칼집을 살짝 낸다. 얼금얼금한 석쇠에 얹어 소금을 살살 뿌리며 연탄불에 굽다가 노릇노릇해지면 석쇠를 뒤집어 반대 면을 익힌다. 속살은 부드럽고 야들야들해서 입 안에서 살살 녹는 것이 가스레인지 위 프라이팬에 굽는 것과는 비교가 안 될 정도로 맛있다.
>
> – 〈봄 몸살〉 중에서

갈치구이를 하는 장면이 매우 사실적이다. 요리 솜씨만으로도 군침이 돈다. 물론 이것은 수필이기 때문에 문학으로서의 훌륭한 표현 기법일 뿐 먹을 수는 없지만 군침이 돌만큼 우수한 표현력을 평가할 수 있는 부분이다. 어머니의 요리 솜씨를 이렇게 잘 표현하는 문장 속에는 작자의 어머니에 대한 그리움이 배어 있다.

된장찌개와 갈치구이 요리가 그토록 생생한 리얼리티를 지니는 것은 그리움 때문이다. 그리움 때문에 잊혀지지 않고 그런 그림을 그릴 수 있게 된다.

아버지에 대한 그리움

〈재첩국 한 모금〉에서는 아버지에 대한 그리움이 역시 어머니에 대한 것과 함께 서정 수필의 좋은 예가 되고 있다.

> 국시 한 젓가락 입에 넣고 매콤한 풋고추를 생 된장에 찍어 한입 베어 물때 그 아삭거리는 소리. 아버지는 목덜미에 흐르는 땀을 손으로 쓱 문지르곤 시원하다며 양푼이 체 국물을 들이켰다. 뜨거운 국이 왜 시원한지 알 수 없던 어린 날, 아버지 빈자리에 눈시울이 뜨거워지던 유일한 맛이다.
>
> – 〈재첩국 한 모금〉

이 작품도 한두 줄 읽으면 군침이 돌려고 한다. '국시 한 그릇'이라 했는데 국시는 사투리다. 사투리는 특정 지역의 언어이기 때문에 토착적인 구체성을 지닌다. 작자는 여기서 국수 대신 국시라 해서 경상도의 신선한 토착적 이미지를 지닌다.

작자는 그립다는 감정적 용어를 직접적으로 쓰는 대신 국수를 먹는 모습만으로 그리움을 나타내고 있다. 슬픔 또는 그리움의 감상적 용어를 남발하지 않고 사실만을 전하는 절제된 용어를 사용하는 것도 문장의 매력이다. 그것만으로도 감추어진 정서를 유발하기 때문이다. 이처럼 감상적 용어를 가급적 절제하는 것은 헤밍웨이의 하아드보일드(hardboiled) 스타일처럼 성숙한 연령대의 것으로서 품위를 유지하게 해준다.

모든 작품이 이런 것은 아니지만 우수한 작품의 주제가 이 같은 인생의 슬픔과 고달픔과 그리움이 짙은 것은 사실이다. 그것이 심층적인 철학적 논리적 사고를 더하면 허무주의가 될 것이지만 largo를 지나 andante에 접어드는 연대에서 작자가 말한 바로는 그의 인생론은 비관주의는 아니다.

마음으로 피는 꽃

다른 사물을 통해서 사색의 길을 찾아 나가는 것은 작품의 예술성을 증대시키는 우수한 기법이 된다. 이 작품은 갈매기와 나, 친구와 나, 그리고 휠체어의 모녀를 그런 사색이 기법으로 잘 나타나 있다.

> 갈매기무리가 허공을 향해 질주하고 있다. 멋진 비행으로 자기완성을 시키는 〈갈매기의 꿈〉이 생각났다. 가장 높이 나는 새가 가장 멀리 본다. 높이, 멀리 나르려면 바람을 타야 하고 바람을 타기 위해서는 바람 줄기의 흐름

> 을 위한 기다림이 필요하다. 그들도 처음부터 잘 날지 않았을 테고 날기까지 숨찬 노력과 숱한 갈등도 있었을 것이다. 결국 삶이 버거워도 그들은 스스로 개척하고 인내하고 터득해 나갔을 것이다.
>
> – 〈마음으로 피는 꽃〉 중에서

박민재는 리차드 바크의 소설〈갈매기의 꿈〉에서 어린 갈매기 조나단이 새 이상으로의 진정한 값진 정체성을 추구하고 완성시켜 나가는 이야기에서 작자 자신을 비교한다. 이것으로써 작자는 자기완성의 길을 찾아 나간다.

> 짓누르던 마음 돌을 치우려 이곳에 와서는 시간의 흐름에도 지워지지 않는 친구와의 기억에서 연연하고 있다. 내 생도 언젠가는 끝날 것이지만 삶의 기쁨을 나누고 상처의 후유증을 다독이기도 하면서 그래도 나는 살아있지 않는가.
>
> – 〈마음으로 피는 꽃〉 중에서

작가는 어머니의 삶과 죽음, 친구의 삶과 죽음을 통해서 자기를 관찰하고 반성한다. 이 같은 비교를 통해서 '그래도 나는 살아 있지 않은가'라고 하는 것은 다른 사물을 통해서 긍정적인 길을 찾는 사고방식이 된다.

또 작자는 휠체어에 앉아 있는 어머니 목에 머플러를 둘러주고 찬 바람이 부는데도 행복하게 웃는 어느 모녀의 모습을 보며 그 속의 나를 본다. 그리고 "움켜쥔 손안의 겨울을 슬그머니 내려놓는다. 친구가 웃고 있다."라는 것이 이 작품의 결론이다.

추상적 관념적 사고보다 이처럼 다른 이미지를 통해서 형상화 하는 것은 독자도 작가가 설정한 상상의 세계에서 함께 사고하며 결론을 얻게 하고 설득력을 얻게 하는 좋은 기법이 된다.

나는 임대인이다

소설은 허구인 반면에 수필은 허구를 거부하는 사실의 증언이 되기 때문에 문학 장르로서 독자성을 지닌다. 그런데 사실의 증언이 자신의 개인적 체험이라면 그것은 공개된 고해성사가 된다. 성당의 신부는 신도의 고백을 일체 비밀에 붙여야 하며 이는 신도를 보호하기 위해서다. 그러므로 사실을 진솔하게 표현해야 된다는 수필작법의 원칙은 자신을 보호하지 못하는 것이 되기 때문에 애초부터 한계를 지닌다.

〈나는 임대인이다〉는 작자가 이런 문제 때문에 쓰기 어려운 것을 쓴 셈이다. 원룸 임대업이 월세를 못내는 임차인과 갈등을 빚을 수 있기 때문에 이것을 작자는 매우 어려운 소재를 다룬 셈이다.

작자는 월세를 못 내고 있는 사람 때문에 '짜증이 났다"라고 말하고 있다. 아버지 입원 때문에 월세가 밀리고 있다는 말에 짜증이 났다는 것은 매우 솔직한 표현이다. 매정한 주인임을 나타내는 표현이기 때문에 누구나 이런 자기 고백은 하기 어렵다. 그런데 양심적 고민을 하다가 임차인의 입장을 고려해 주게 되는 것도 좋지만 다음과 같은 판단이 깊이 있는 사색으로 주제의 가치를 높여 주고 있다.

> 어머니의 자궁을 빌려 잉태되는 순간부터 나 또한 세상에 내던져진 세입자가 된다. 빛, 바람, 공기 자연이 주는 오묘함과 넉넉함을 당연하게 사용하고 있다. 어쩌면 임대 해준 방도 원래 내 것이 아닐지도 모른다. 삶이 다하는 날, 빈손으로 떠나갈 것 아니런가. 나 또한 하늘 세상에서 내 한 몸 쉴 곳을 찾아야 하는 세입자 신세인 것을.
>
> – 〈나는 임대인이다〉 중에서

여기서 작자가 말하는 생각의 핵심은 다음과 같은 철학사상이다. 우리는 누구나 빈 손으로 이 세상에 와서 이것 저것

이미 주어진 것을 공짜로 빌려 쓰고 간다는 의미에서 모두 세입자라는 것. 그래서 죽을 때는 모두 버리고 가야 하며 자기 것은 없다는 것. 윤리 도덕적 가치관이다. 문학에서 기법은 형식이며 그것은 어떤 주제를 전달하는 도구에 불과하다는 의미에서 이 작품은 알찬 주제가 빛난다.

에어컨 그 남자

에어컨 수리사를 통해서 아버지를 생각하고 또는 아버지를 통해서 에어컨 수리사를 생각하며 따뜻한 사랑의 의미를 잘 전달하고 있는 작품이다. 두 개의 사물이 지닌 공통성을 통해서 주제를 형성해 나가는 것은 비유법이다.

> "아빠 작업 중인데 끝나고 한군데만 들러서 갈께." 딸과의 통화다. 투덜거림은 언제였냐인 듯 세상 다정하고 나긋나긋한 아버지다. 가장의 짐이 누름돌 같아도 자식은 삶의 의미요, 활력이다. 나 역시도 우울할 때 아들 목소리만 들어도 든든하고 기분 좋아지니까. 식사하는 동안 수리비를 이체하고 있는데 책이 많던데 글 쓰냐고 뜬금없이 묻는다. 인상 쓰던 와중에도 책이 눈에 보였나 보다. 무심코 고개를 끄덕였다.
>
> – 〈에어컨 그 남자〉 중에서

늦은 시간까지 일하다가 아빠를 기다리는 딸의 전화를 받고 갑자기 다정하고 나긋나긋한 아버지로서의 인간상을 보며 작자는 자신을 생각하고 또 돌아가신 아버지를 생각한다. 수리사와 그의 딸을 통해서 작자 자신과 아들과의 관계를 연상하고 작자의 아버지와 작자를 비롯한 가족을 생각한다. 거기서 "가장의 짐이 누름돌 같아도 자식은 삶의 의미요, 활력이다."라는 의미가 도출된다.

> 남자의 처진 뒷모습에서 새벽 으스름, 일터로 저벅저벅 걸어가던 아버지 어깨에 매달렸던 무거운 생을 보았다. 밝은 햇살을 보며 집을 나섰다면 교통사고를 피해 가지 않았을까. 삶의 멍에, 고뇌가 무겁게 다가온다. 세상의 모든 아버지는 자식의 꿈을 위해 다리가 후들거린다. 그들이 겪어내야 할 고통은 기쁨 한 조각들로 채워나간다.
>
> – 〈에어컨 그 남자〉 중에서

여기서 보조관념을 통해서 이와 공통성이 있는 작자 자신이나 아버지를 연상하는 아날로지 현상은 직관이다. 작자의 예리한 관찰력과 논리적 사고가 잘 나타나고 있다. 이것은 그런 아버지와 가족의 의미를 더욱 강조하기 위한 결론 부분이 된다.

잊혀진 약속

작품에는 두 할머니가 등장한다. 폐지를 주우며 수레를 끌고 다니는 할머니와 집에서 혼자 사는 독거노인이다. 외롭고 힘든 인생 말년의 풍경이지만 정이 넘치는 아름다움이 있다.

이 작품의 앞부분은 경칩도 지나서 옷도 갈아입어야 하는 계절의 변화를 그린 것이다. 겨울옷을 벗고 봄옷을 새로 입는 것, 헌 옷을 정리하는 것 등은 몸을 보호하기 위한 행위 이상의 의미를 지닌다. 그것은 세월의 흐름을 말해주기 때문이다. 그런 의미에서 우리 자신을 시간이라는 배경 속에서 관찰한다는 것은 인간존재의 근원적 의미를 모색하는 글에서 적절한 구실을 하게 된다.

세상을 떠날 날이 머지않은 할머니들을 소재로 해서 고독을 논한다면 이런 시간의 배경은 적절한 서막이 되고 서곡이 된다. 그리고 작품 말미에서 할머니의 죽음을 말하고 있기때문에 그런 시간적 소재 설정이 필요하다. 그 할머니가 영원히 떠나버렸기 때문에 지킬 수 없게 된 약속의 안타까운 마음이 이 작품의 주제로서 잘 전달된다.

> 한 번이라도 찾아뵐 것을, 그걸 못했다니…. 마른 잎 하나 가슴에 내려앉는다.
>
> — 〈잊혀진 약속〉 중에서

똬리

수필은 '사람이 살아가는 이야기'라고 흔히 말한다. 이것은 단점도 되지만 수필만의 특성도 된다. 이런 수필이 많은 것은 다음 5대 특성 때문이다. 실제적 체험, 작자의 신변적 이야기, 가장 짧은 산문, 누구나 쉽게 쓸 수 있는 문학이라는 통념, 이 특성 때문에 보통 사람들이 살아가는 이야기가 많다.

소설은 유명작이 아니라도 가장 많은 소재가 남녀의 사랑이고 수필은 이와 다르다. 사랑은 두 사람만의 비밀이 많기에 솔직한 자기 고백이 되는 수필 소재가 되기 어렵다. 짧은 산문이므로 수십 매, 수백 매에 담아야 할 사건은 불가능하다. 그러니까 수필은 일상적인 삶의 한 토막을 그리는 것이 가장 적절하다. 또 수필은 산문이고 시는 언어를 최대로 압축한 표현형식이므로 일상적인 삶의 이야기는 수필로 써야 한다.

〈똬리〉는 그처럼 보통 사람이 살아가는 이야기다. 아버지가 교통사고로 죽고, 가족들 생계 때문에 어머니가 식당 주방에 나가게 된다. 교통사고 피해 보상금으로 땅이 넓은 집을 샀다가 사기를 당해서 모두 잃어버리는 등은 보통 사람들이 겪어나가는 삶의 이야기다.

그런데 이런 이야기의 서술만으로는 넋두리에 그치고 만

다. 작자는 슬픔도 표현하지만 여기에 두 가지의 특수 소재를 곁들여서 문학성을 살리고 있다. 어머니의 똬리와 감꽃이다. 똬리는 여인들만의 고달픈 삶을 의미하는 상징물이다.

> 나프탈렌 향에서 병충해를 이겨나가는 강한 힘을 배웠을까. 머리에 이고 산골 구석구석을 누볐던 2년 세월, 돌아올 적마다 어머니 슬픔은 조금씩 옅어졌다. 믿었던 사람에게 배신당한 상처는 평생 지워지지 않을지도 모른다. 옷장 속의 나프탈렌을 볼 때마다 오로지 자식만 생각하며 온 힘을 다해 아픔을 극복해 나갔을 어머니의 심정이 느껴진다. 진한 그 냄새가 감나무에 달렸던 감꽃 향처럼 느껴질 때쯤 어머니 눈물은 치유된 듯 보였다. 이후 다시는 나프탈렌을 머리에 이지 않았으며, 늘 내 마음의 짐이었던 똬리도 사라졌다.
>
> – 〈똬리〉 중에서

실제로 이 좀약과 감꽃 향은 조금 비슷하고 감꽃 향도 꽃향기니까 어머니의 아픔을 감꽃에 견준 것은 어머니의 통증이 치유되고 있었다는 의미가 된다. 또 나프탈렌이 해충을 쫓는다는 강인함과 함께 그 어머니의 희생을 향기로운 꽃냄

새로 미화하는 의도적인 화장법을 쓴 것이다.

따리가 사라졌다는 것은 그런 고통이 잊혀지고 있다는 은유법이 된다. 이와 함께 마지막에 감꽃 향을 말한 것도 문학적 기법으로 아름다운 서정적 산문을 만든 셈이다.

루이스의 물빛

이 작품은 기행 수필이다. 우리 수필 문학사에서 기행 수필의 고전으로는 박지원의 〈연암일기〉가 꼽히지만 박민재의 〈루이스의 물빛〉은 정비석의 〈산정무한〉 계열에 속한다. 아름답기로 유명한 자연 관광지 답사이고 유사점도 있다. 〈루이스의 물빛〉은 로키산맥에 많은 호수 중 하나인 루이스 호수 관광 기행이고 〈산정무한〉은 금강산 기행이다. 루이스 레이크가 세계에서 가장 아름다운 절경 10개 중 하나라 하듯이, 금강산도 식후경이라는 1만2천봉으로서 세계적 절경이다.

작자는 루이스에 반해서 두 번이나 그곳을 찾았다. 그 아름다운 자연 앞에서 가슴이 떨리며 숙연해지고 손을 담가보고 호텔에서 홍차를 마시고 목욕도 하며 마치 연인을 만난 듯이 그 품에 안겨서 떨림을 갖고, 다시 보고 싶어 그리워하는 것이 실감으로 전해진다. 이것은 설산이 녹아내리며 형성된 에메랄드 보석같은 신비한 물빛과 이를 만든 조물주의 위대함에 대한 경건한 모습이라고 할 수 있을 것이다. 그리고 그런 감동을 전하는 박민재 작가의 표현력은 많이 세련되어 있다.

그런데 문학의 문장은 세련된 언어미학만으로는 가능하지 않다. 가도賈島의 전설처럼 단어 하나하나를 고민하다가 사고를 내는 성실성도 중요하지만 소재 속에서 인생을 보고 세계를 보고 내면의 소리를 들으며 떨리는 가슴이 중요하다. 〈루이스의 물빛〉은 이 두 가지를 겸하고 있다.

> 루이스와 재회, 이 설레임의 순간을 위해서 먼 길을 왔다. 여전히 가슴 떨리고 나의 눈을 사로잡는다. 고고함을 간직한 채 내 마음을 어루만져준다. 물빛은 변함이 없지만 나의 시선이 달라진다. 약간의 눈을 머금던 4월과 달리 나신을 뽐내는 물빛이 더 짙고 선명하다. 짧은 시간에도 루이스의 변신에 내 느낌도 달리 느껴진다. 떨림은 내 삶에 울림을 주고 생명의 활기를 준다. 내 생애 이렇게 자연과 설레던 적이 있었든가.
>
> – 〈루이스의 물빛〉 중에서

작자는 루이스의 물빛이 유독 아름다운 것은 식민지였던 캐나다 원주민의 한이 물에 녹여있는 원주민의 슬픈 역사의 그림자라고 표현한다. 이런 소재들로 〈루이스의 물빛〉도 격

조 높은 기행 수필이 될 수 있다.

박민재 작가는 문인으로서 뿌리 깊은 나무로 우뚝 서 있다. 앞으로 더 '곶 됴코 녀름 하는 나무'로 독자들의 더 많은 사랑을 받게 되리라 믿는다.

(2024년 봄 상도동)

박민재 수필집

니체와 걷는 시간

인쇄 2024년 6월 17일
발행 2024년 6월 21일

지은이 박민재
발행인 서정환
펴낸곳 수필과비평사
주소 서울시 종로구 삼일대로 32길 36(익선동 30-6 운현신화타워) 305호
전화 (02) 3675-3885 (063) 275-4000
팩스 (063) 274-3131
이메일 essay321@hanmail.net
출판등록 제300-2013-133호
인쇄·제본 신아출판사

ISBN 979-11-5933-533-4 03810
값 15,000원

Printed in KOREA